China.Literatur.Übersetzen.

FASK
Publikationen des Fachbereichs Angewandte Sprach- und Kulturwissenschaft der Johannes Gutenberg-Universität Mainz in Germersheim

In Verbindung mit
B. Ahrens, H. W. Drescher, D. Huber,
A. F. Kelletat, P. Kupfer, K. P. Müller, W. Pöckl,
N. Salnikow, M. Schreiber und E. Worbs
herausgegeben von **Klaus Pörtl**

Reihe A
Abhandlungen und Sammelbände

Bd. 45

PETER LANG
Frankfurt am Main · Berlin · Bern · Bruxelles · New York · Oxford · Wien

Katrin Buchta/Andreas Guder (Hrsg.)

China. Literatur. Übersetzen.

Beiträge eines Symposiums
zu Ehren von Ulrich Kautz

Bibliografische Information Der Deutschen Bibliothek
Die Deutsche Bibliothek verzeichnet diese Publikation in der Deutschen Nationalbibliografie; detaillierte bibliografische Daten sind im Internet über <http://dnb.ddb.de> abrufbar.

Gedruckt auf alterungsbeständigem,
säurefreiem Papier.

ISSN 0941-9543
ISBN 3-631-55250-5
© Peter Lang GmbH
Europäischer Verlag der Wissenschaften
Frankfurt am Main 2006
Alle Rechte vorbehalten.

Das Werk einschließlich aller seiner Teile ist urheberrechtlich geschützt. Jede Verwertung außerhalb der engen Grenzen des Urheberrechtsgesetzes ist ohne Zustimmung des Verlages unzulässig und strafbar. Das gilt insbesondere für Vervielfältigungen, Übersetzungen, Mikroverfilmungen und die Einspeicherung und Verarbeitung in elektronischen Systemen.

Printed in Germany 1 2 3 4 6 7

www.peterlang.de

Vorbemerkung der Herausgeber

"China.Literatur.Übersetzen." lautete der Titel des Symposiums am 29. Januar 2005, das der Arbeitsbereich Chinesisch des Fachbereiches Angewandte Sprach- und Kulturwissenschaft der Johannes Gutenberg-Universität Mainz anlässlich des 65. Geburtstages von Ulrich Kautz und seiner Ernennung zum außerplanmäßigen Professor veranstaltete. Der vorliegende Band fasst die Beiträge zusammen, die in Würdigung der akademischen und literarischen Verdienste von Ulrich Kautz auf diesem Symposium gehalten wurden.

Ulrich Kautz hat in seinem bewegten Leben zahlreiche wertvolle Beiträge für die in der Bundesrepublik Deutschland ausgesprochen stiefmütterlich behandelte Übersetzer- und Dolmetscherausbildung in Forschung und Lehre geleistet und sich darüber hinaus als Translationswissenschaftler und Übersetzer zeitgenössischer chinesischer Literatur (u.a. von Werken von Wang Meng, Wang Shuo und Yu Hua) international einen Namen gemacht, dessen ausführliche Würdigung Peter Kupfer im ersten Beitrag dieses Bandes übernommen hat.

Wir danken den Autorinnen und Autoren der Beiträge für ihre Geduld und gute Zusammenarbeit und freuen uns, mit diesem Buch Ulrich Kautz unseren Respekt vor seiner Autorität und seiner wissenschaftlichen wie literarischen Leistung ausdrücken zu können, sowie uns für sein 仁 *rén* und viele anregende Unterrichts- und Gesprächsstunden zu bedanken.

Leipzig / Germersheim, im Januar 2006   Katrin Buchta und Andreas Guder

Inhalt

Zur Eröffnung des Symposiums *China.Literatur.Übersetzen.* zu Ehren
   von Ulrich Kautz
   Peter Kupfer (Mainz /Germersheim)   9

Von Kapweglern, Käuzen und armen Seelen. Zur vermeintlichen
   Randexistenz eines Übersetzers
   Wolfgang Kubin (Bonn)   15

Aus dem Alltag des Unmöglichen – Zu Theorie und Praxis des
   Übersetzens aus dem Chinesischen
   Peter Hoffmann (Tübingen)   23

Der literarische Übersetzungsprozess zwischen den Kulturpolen
   Deutschland und China
   Martin Woesler (Witten)   39

Yan Fus Übersetzungskriterien 信 *xin*, 达 *da* und 雅 *ya*
   Katrin Buchta (Leipzig)   59

Geographische Namen aus dem europäischen Bereich in Chinesisch
   und Japanisch seit dem I. Opiumkrieg
   Wolfgang Lippert (Erlangen)   71

Sinn und Bild. Ein Blick in die Werkstatt der Übersetzer von Lao Shes
   "Stadt der Katzen"
   Volker Klöpsch (Köln)   81

In den Strudeln des Rheins – Hu Tous Roman *Chenfu Laiyinhe* und
   seine Schilderung der chinesischen Diaspora in Germersheim
   und Deutschland
   Andreas Guder (Mainz /Germersheim)   93

Übersetzung und Interpretation: Frühe englische und deutsche Übertragungen des *Liaozhai zhiyi* 聊斋誌異 von Pu Songling 蒲松齡
   Eva Müller (Berlin)   111

Zur Eröffnung des Symposiums
China.Literatur.Übersetzen.
zu Ehren von Ulrich Kautz

Peter Kupfer

"Von der Seite her zwischen alle Stühle" – so beschreibt Ulrich Kautz seinen gewundenen Werdegang zum Übersetzer und Translationswissenschaftler. So könnte man auch die Entwicklung unserer Bekanntschaft und Freundschaft charakterisieren. Sie begann im Sommer 1987, also vor knapp 18 Jahren, in einem Hotel außerhalb von Peking, wo sich einige hundert Pioniere aus allen Kontinenten trafen, um über die chinesische Sprache zu konferieren und die *Internationale Gesellschaft für Chinesisch als Fremdsprache* zu gründen. Auch Vertreter aus der damaligen BRD und DDR waren anwesend und nahmen behutsam Kontakt miteinander auf – allerdings zunächst in "Begleitung" Deutsch sprechender chinesischer Aufpasser, die man dann erst am späteren Abend unter irgendeinem Vorwand loswurde. Danach war es unter nicht ganz einfachen Bedingungen möglich, uns gegenseitig zu besuchen – Ulrich Kautz mehrmals in der Pfalz, ich mit Familie vor genau 15 Jahren noch kurz vor der Wiedervereinigung in Ostberlin – und damit unsere akademische und private Lebensfreundschaft zu begründen. Gemäß Karl Marx' Prognose hat sich die Welt danach gewaltig verändert.

Sehr geehrte Damen und Herren,

liebe Kolleginnen und Kollegen,

ich freue mich außerordentlich, diesen Ehrentag gemeinsam mit Ihnen zu begehen, und heiße Sie herzlich willkommen. Besonders begrüßen möchte ich hier in Germersheim die auswärtigen Gäste, die zu den führenden Personen in der literarischen Szene der deutschsprachigen Sinologie zählen und teils seit vielen Jahren in enger kollegialer Verbindung mit Ulrich Kautz stehen. Auch danke ich Ihnen für die in einigen Fällen sehr weite Anreise – trotz widriger winterlicher Verhältnisse – und für Ihren Referatsbeitrag sowie dafür, dass Sie damit zum Gelingen des Ehrensymposium beitragen. Ich glaube, es ist das schönste – wenn auch ein wenig verspätete – Geschenk zu Ulrich Kautz' 65. Geburtstag, das man ihm machen kann.

Gestatten Sie mir einleitend einen würdigenden, gleichwohl sehr verkürzten Rückblick auf einige Höhepunkte im bisherigen Lebenswerk des Kollegen Kautz.

Nachdem er 1957 bis 1961 sein Studium als Diplom-Übersetzer und –dolmetscher für Englisch und Chinesisch am Dolmetscherinstitut der Leipziger Karl-Marx-Universität absolviert hatte, verbrachte er insgesamt acht Jahre in der sprachmittlerischen Praxis, einmal 1961 bis 1966 als Dolmetscher und Übersetzer für Chinesisch und Englisch an der DDR-Botschaft in Peking – der Abschied von Peking erfolgte zur dann gerade beginnenden Kulturrevolution per Ohrfeige für den "Su-Xiu", den "sowjetischen Revisionisten" – und dann wieder 1973 bis 1976 als Chefdolmetscher an der dortigen DDR-Handelsvertretung. In den sieben Jahren dazwischen war er für die Englisch-Sprachmittlerausbildung an der Berliner Humboldt-Universität verantwortlich. Ab 1976 widmete er sich dort der Lehre und Forschung im Bereich der Ausbildung von Übersetzern und Dolmetschern für das Sprachenpaar Deutsch/Chinesisch. Da dieser weltweit einmalige und renommierte Studiengang an der Humboldt-Universität nach der Wende zum allgemeinen Entsetzen nicht nur der gesamten Chinawissenschaften abgewickelt wurde, übernahm Kautz ab 1992 die Projektleitung in den Bereichen der Dolmetscherfortbildung und des Übersetzens und Dolmetschens beim Goethe-Institut, teils in der Zweigstelle in Peking, teils in der Zentralverwaltung in München. Nach meiner eigenen Berufung auf die hiesige Chinesisch-Professur gelang es mir 1998, ihn zur Annahme einer Stelle in Germersheim zu überreden. Hilfe leistete mir dabei wohl auch der Pfälzer Wein, den Uli schon bei seinen früheren Besuchen so zu schätzen lernte, dass er ihn sogar nach Ostberlin exportieren ließ. Kurz nach der Aufnahme seiner Tätigkeit an unserem Fachbereich hat er denn auch sein neues Domizil direkt an der Weinstraße zwischen den idyllischen Weinbergen aufgeschlagen.

Schon dieser kurze Blick auf die Lebensdaten weist darauf hin, dass, wenn auch in zahlreichen schicksalsgeprägten Serpentinen, hier die aus Germersheimer Sicht idealtypische Mischung von Praxis und Forschung entstanden ist, die für die translationswissenschaftliche und translationsdidaktische Karriere entscheidend ist und die Tatsache erklärt, dass Kautz heute nicht nur in der Sinologie, sondern auch in der allgemeinen Translationswissenschaft international als Fachmann und Pionier in diesem Bereich Anerkennung genießt.

Von seinen zahlreichen wissenschaftlichen Publikationen kann ich hier nur beispielhaft die wichtigsten nennen:

- Seine 1980 verfasste Dissertation *Übersetzung deutscher Relativsätze ins Chinesische* erschien 1984 in wesentlich erweiterter Form in englischer Sprache in Frankreich unter dem Titel *Chinese equivalents of German and English relative clauses* und zählt zu einem der ersten Meilensteine in der vergleichenden Syntaxforschung im Bereich der Sinolinguistik.

- Die Habilitationsschrift *Die Darstellungsperspektive im Deutschen und Chinesischen und die Wiedergabe der deutschen Genera verbi bei der Translation ins Chinesische* von 1987 wurde in bearbeiteter Version unter dem Titel *Aktiv und Passiv im Deutschen und Chinesischen. Eine konfrontativ-übersetzungswissenschaftliche Studie* als Band 1 der Reihe *Sinolinguistica* im Jahr 1991 publiziert und stellt die linguistische Grundlagenforschung im Vergleich zweier typologisch völlig unterschiedlicher Sprachen in den Dienst der Übersetzungswissenschaft.

Überdies liegen zahlreiche Aufsätze vor, die sich kontrastiv-linguistischen und translatologischen Themen widmen. Diese Publikationen stellen nicht nur eine allgemeine und für das Sprachenpaar Deutsch/Chinesisch zentrale Pionierleistung auf dem Gebiet dar und brachten der Entwicklung der Sinolinguistik entscheidende Impulse; sie zeigen ihre besondere Stärke auch in der Praxisverbundenheit, womit sie für praktisch tätige Übersetzer sowie Chinesisch-Lehrkräfte eine wichtige Referenzgrundlage bilden.

Jahrzehnte intensiver Forschung und Empirie flossen in Kautz' über 600 Seiten umfassendes Werk *Handbuch Didaktik des Übersetzens und Dolmetschens* ein, das 2000 erstmals und 2002 in der 2., aktualisierten Auflage erschien. In dieser kurzen Zeit ist es bereits zu einem unverzichtbaren Klassiker der translatologischen Literatur geworden – übrigens gerade auch für das sinologische Publikum, da Kautz die Perspektive über das eurozentristische Sprachenweltbild hinaus erweitert, das die Translationswissenschaft immer noch weitgehend beherrscht. Somit setzte er mit dieser Arbeit zugleich Zeichen für die globale Entwicklung einer Disziplin, die immer noch „zwischen den Stühlen sitzt" und um ihre Anerkennung kämpft. Das Buch sollte und wird wohl bald weltweit in den Regalen sowohl der Übersetzer- und Dolmetscherinstitute als auch der sinologischen Institute unter den Standardwerken stehen – hoffentlich in absehbarer Zeit auch in koreanischer und chinesischer Übersetzung.

Bisher habe ich nur die halbe Existenz der Person Ulrich Kautz beleuchtet. War und ist er schon Translationswissenschaftler und –didaktiker mit Leib und Seele, so gilt dies noch mehr seinem Haupthobby, das längst zu mehr als zur bloßen Freizeitbeschäftigung avanciert ist: sein Engagement für die moderne chinesische Literatur und ihre Vermittlung, was die Mehrzahl seiner

Veröffentlichungen hervorbrachte. Es wäre vermessen, dem anwesenden erlauchten Kreis von Experten die zahlreichen literaturtheoretischen Abhandlungen und vor allem Übersetzungen moderner chinesischer Belletristik von Ulrich Kautz – von Deng Youmei, Wang Meng, Yu Hua bis Wang Shuo – aufzuzählen. Ich möchte an dieser Stelle lediglich hervorheben, dass er zur Bekanntmachung und Verbreitung der chinesischen Literatur in Deutschland bedeutsame, ja historische Beiträge geleistet hat. Von der sowohl technischen als auch ästhetischen Qualität seiner literarischen Übersetzungen zeugen nicht nur die überaus positiven Rezensionen in der Fachwelt, sondern auch die Tatsache, dass Ulrich Wickert den von Kautz ins Deutsche übertragenen und 1993 erschienenen Roman *Der Gourmet* von Lu Wenfu für so bemerkenswert erachtete, dass er ihn vor seinen allabendlichen Wünschen für "eine geruhsame Nacht" dem Millionenpublikum lobend empfahl. So wie auch später der Roman *Leben!* von Yu Hua (1998) wurde *Der Gourmet* zu einem Bestseller auf dem deutschen Büchermarkt, was man im Allgemeinen von chinesischer Literatur hierzulande nicht erwarten kann. Beispielhaft für Kautz' jüngste Arbeiten zur Übersetzungskritik erwähne ich seinen großartigen Aufsatz über Franz Kuhn als "Bahnbrecher der chinesischen Literatur in Deutschland", der 2004 erschien und den er auch hier im Hause in fesselnder Weise als Vortrag präsentierte.

Seien es nun seine Übersetzungen, seine Vorträge oder seine Lehrveranstaltungen: Jeder, der ihn liest oder ihm zuhört, spürt seine belletristische Leidenschaft und sein inneres Bedürfnis, Gleichgesinnte damit zu infizieren. Übrigens kommt hier der Pädagoge Kautz voll zur Geltung, der es auch schafft, die Studierenden und den Übersetzernachwuchs für die Arbeit mit „trockenen" praxisbezogenen Texten zu begeistern, etwa zum Thema neuer Werkstoffe als Merkmal der industriellen Revolution oder Geschäftsbriefe. Wer dann im Unterricht immer noch zu wenig Arbeitseifer zeigt, bekommt – spätestens in den Prüfungen – die DDR-geschulte, disziplinarische Strenge zu spüren.

Dass sich Ulrich Kautz immer schon "zwischen viele Stühle gesetzt" hat, offenbart sich auch in der politischen Ausgrenzung, die er zu DDR-Zeiten und leider auch danach erfahren musste. Obwohl er sie wie kaum ein anderer verdient hätte, blieben ihm nach der Wiedervereinigung mehrere Chancen verwehrt, eine der bedeutenden Sinologieprofessuren in Trier, München, Erlangen und auch in Germersheim anzutreten. Zum Schluss ausschlaggebend war die Altershürde, auf die man ministeriellerseits pochte. Es war deshalb eine große Freude, als wir es "von der Seite" her doch noch geschafft haben, im vergangenen Jahr seine Ernennung zum "apl." durchzusetzen.

Nach dem Fall der Mauer und im Zuge des Untergangs der Sprachmittler-Eliteausbildung an der Humboldt-Universität hat Kautz in diversen Aktivitäten zur Neubesinnung und Entwicklung der gesamtdeutschen Chinawissenschaften beigetragen. Er war 1990 Begründer und erster Vorsitzender der *Deutschen Vereinigung für Chinastudien*, die – anfangs von den Wessis noch misstrauisch als DDR-Klüngel beäugt – bis heute mit alljährlichen Tagungen und etlichen Publikationen zum wichtigsten sinologischen Forum des deutschsprachigen Raums herangewachsen ist. Übergreifend wirkte er zeitweise auch als Vorstand in der *EACS – European Association of Chinese Studies*. Dank seiner Unterstützung im *Fachverband Chinesisch*, für einige Jahre auch als 2. Vorsitzender und Mitredakteur unserer Zeitschrift *CHUN*, hat er ebenso wertvolle Beiträge geleistet für die Professionalisierung der Ausbildung in moderner chinesischer Sprache im deutschsprachigen Raum.

Ich glaube nicht, dass du, lieber Uli, wenn dein Ruhestand beginnt, dich nur noch deinen privaten Leidenschaften der Literatur, der chinesischen Küche, des pfälzischen Weins sowie als Antiquitäten-, Kunst-, Schnupftabakfläschchen-, Briefbeschwerer-, Glöckchen- und Frühe-Verdi-Opern-Sammler widmen wirst. Dazu sind deine professionellen Künste in Germersheim und an vielen Orten der Welt noch zu sehr gefragt, und ich hoffe sehr, dass unsere ertragreiche Zusammenarbeit weiterhin viele Jahre währen möge. In diesem Sinne danke ich dir für die unvergesslichen gemeinsamen Erlebnisse, Arbeitsstunden, Projekte, Problembewältigungen und Inspirationen!

Von Kapweglern, Käuzen und armen Seelen
Zur vermeintlichen Randexistenz eines Übersetzers

Wolfgang Kubin

Übersetzer stehen in keinem guten Ruf. Mein frühes Bemühen, das moderne Chinesisch und Japanisch auch wie ein Dolmetsch zu beherrschen, erhielt bald nach Studienbeginn zum Wintersemester 1969/70 an der Ruhr-Universität Bochum einen Dämpfer. Eigentlich hatte ich es meinem Doktorvater Alfred Hoffmann (1911-1997) nachtun wollen, der im Unterricht immer wieder gern erzählte, Dolmetscher von Wang Jingwei (1883-1944) in Nanking gewesen zu sein, also von einem, wie es bis heute noch heißt, Verräter in Japans Diensten. Diesem hatte er auf chinesisch zu vermitteln, was die Besatzer aus Nippon im damals dritten China auf japanisch anwiesen. Sein Kollege, der Japanologe Horst Hammitzsch, der während des Zweiten Weltkrieges mit einem U-Boot nach Tokio gefahren sein soll, belehrte mich jedoch bald eines besseren. In seinem Seminar zu Toshoku Taishi befand er, wer das moderne Japanisch beherrsche, könne lediglich eine Tasse Kaffee bestellen. Ich war damals (1969) gerade aus Japan von einem dreimonatigen Aufenthalt zurückgekommen und konnte tatsächlich auf japanisch eine Tasse Kaffee bestellen, allerdings nicht nur eine. Hammitzsch hob dagegen die Bedeutung einer Vertrautheit mit der Fachterminologie hervor. Ich habe jedoch nie einsehen wollen, warum man sich nicht bei einer auf japanisch bestellten Tasse Kaffee auf japanisch über japanische Terminologie sollte unterhalten können. Der Bochumer Japanologe war allerdings harmlos mit seinen Verdikten gegen die mündliche Beherrschung einer asiatischen Sprache. Später war die Rede von Kellneralluren, von Papageientalent, wollte jemand die wahren Gaben eines Dolmetschers charakterisieren.

Halten wir hier einmal kurz inne, bevor wir uns ermutigenderen Zusprüchen zuwenden. Der Dolmetscher, der als Papagei nur wiedergeben würde, was er verstanden hat, wäre ein Paradiesvogel ohne Zukunft. "Ein richtiger deutscher Satz", dieser bescheidene Wunsch steht heute auf meiner Wunschliste als Wissenschaftler, Übersetzer und Schriftsteller ganz oben an. Auch Universitätsprofessoren sind immer weniger in der Lage, frei einen richtigen deutschen Satz zu formulieren. Viele freie Vorträge habe ich in meinem Kopf Satz für Satz rekonstruieren müssen: grammatisch, syntaktisch, semantisch. Hätte ich zu dolmetschen gehabt, so wäre die Übersetzung das Original gewesen, und der Vortragende hätte, wäre er der fremden Sprache kundig, begeistert ausrufen müssen: Ja, genau das habe ich so sagen wollen. D. h., ein Dolmetscher muß nicht selten einen Redner besser verstehen als dieser sich selbst. Und das setzt eine ganze Menge an Kenntnissen voraus. Die Beherrschung der Sprache allein reicht dabei gar nicht aus. Zu oft habe ich es erlebt, daß chinesische Akademiker, firm in zwei Sprachen, zu keinerlei Dolmetscherei befähigt waren, weil sie die zahllosen grammatisch und syntaktisch unzusammenhängenden Versatzstücke einer Rede, die offensichtlich kein sinnvolles Ganzes ergaben, nicht zu einem möglichen Sinngefüge zusammensetzen konnten. Papagei hin, Papagei her, ein guter Dolmetscher rettet einen schlechten Redner, indem er ihm nicht nachplappert. Und ein guter Übersetzer weiß, daß ein jeder Text defekt ist und seiner Verbesserung harrt.

Nun mögen die Beckmesser rufen, wenn ein Dolmetscher keine Übersetzung wie eine Bestellung als Kellner anzunehmen gewillt ist, dann ist er ein Verräter. Ich will hier die italienische Redeweise vom Übersetzer als Verräter nicht weiter auftischen, das ist hinreichend geschehen. Ich möchte wohl nochmals Stellung zu dem weit verbreiteten Irrtum beziehen, es gäbe eine wörtliche Übersetzung.[1] Es gibt noch nicht einmal ein wörtliches Original! Als Kinder haben wir gern im Westfälischen mit den Worten "er will mir was" bei Kameraden Beistand erfleht, wenn das Indianerspiel auszuarten drohte. Als unsere Englischkenntnisse zum Schabernack ausreichten, wandelte sich der Satz um in "he will me what". Für einen Engländer sicherlich ein Grauen. Ein erfahrener Übersetzer würde den deutschen Satz ergänzen und damit interpretieren: "er will mir was antun" und entsprechend übersetzen. Es gibt im Westfälischen auch die Wendungen, "es gibt einen aus dem Löffel" und "es gibt gleich was hinter die Löffel". Zumindest die erste Wendung muß selbst innerdeutsch übersetzt werden. Im Münsterland, wo ich lange gelebt habe, pflegt man mitunter Schnaps aus dem Löffel zu trinken. Theoretisch und praktisch ist das nicht nur Chinesen schwer verständlich zu machen ebenso wie den unterschiedlichen Wortgebrauch von Löffel. Ein Löffel ist hier nicht unbedingt ein Löffel. Worauf will ich mit diesen kauzigen Bemerkungen hinaus? Es gibt keinen einzigen für alle eindeutigen Satz. Das wissen wir spätestens seit Hugo von Hofmannsthals (1874-1929) "Brief des Lord Chandos" (1902), und das gehört heute zum allgemeinen philosophischen Rüstzeug, weshalb die Philosophen sagen, wir haben uns im Dialog auf das zu verständigen, was wir verstehen wollen. Der Alltag lehrt uns auch, daß Frauen und Männer mit denselben Worten etwas gänzlich anderes sagen und meinen, so daß sich letztes Jahr ein Verlag bemüßigt fühlte, ein zweisprachiges Lexikon Mann-Frau, Frau-Mann auf den Markt zu bringen. Und so ist denn auch im Akt

---

[1] Daß dies nicht nur ein Thema in der (übersetzungswissenschaftlich zurückgebliebenen) Sinologie ist, zeigt die Rezension einer Neuübersetzung von Moby Dick, die der Wörtlichkeit verpflichtet ist, s. Werner von Koppenfels: Eine Vision der Schöpfung von verzweifelter Erhabenheit, in: Frankfurter Allgemeine Zeitung 4.12.2004, S. 44.

des Schreibens, Sprechens, Hörens und Übersetzens alles eine Sache der Interpretation und damit der Entscheidung. Daher sage ich oft, es gibt (bei erfahrenen Übersetzern) keine falsche Übersetzung, sondern nur eine andere Auffassung.

Gestatten Sie mir bitte, mich meiner These auf Umwegen anzunähern. Am 7. Dezember 2004 las der chinesische Dichter Yang Lian (geb. 1955) in Bonn. Seine deutschen, englischen und französischen Übersetzungen wurden von erfahrenen Rezitatoren gelesen. In meinem Fall erkannte ich meine eigenen Übersetzungen nicht wieder: ich hörte keinen Rhythmus heraus, erkannte keinen Stabreim, empfand keine Verseinheit. Was war geschehen? Die Rezitatoren für das Englische und Französische hatten sich über meine deutschen Übersetzungen einen Zusammenhang ihrer Vorlagen erarbeitet und vielleicht, wie ich das auch bei diesem dunklen Dichter anläßlich von öffentlichen Lesungen tue, Kommata und Punkte ins Manuskript gesetzt, so daß das Auge einen Ruhepunkt hat und der Mund weiß, wo er eine Pause einlegen sollte. Im Falle der deutschen Vorlage war wohl eine solche Vorsorge nicht getroffen worden. Im Gegensatz zum Englischen und Französischen verlor sich mir das Deutsche: der Text wurde zerlesen und ließ nichts von der sprachlichen Ordnung erkennen, die ich ihm gegeben hatte. D. h., auch ein deutscher Text wird für einen deutschen Sprecher zu einer Sache der Interpretation im Akt des (lauten) Lesens. Wir sehen dies deutlicher bei Hyperions so scheinbar simpler Aussage: "So also kam ich unter die Deutschen." Je nach Betonung erhält der Satz einen jeweils anderen Sinn:

> So [und nicht anders] also kam ich unter die Deutschen.
> So also kam ich [und kein anderer] unter die Deutschen.
> So also kam ich unter die Deutschen [und nicht unter die Griechen].

Diese Lesarten begreifen noch nicht einmal die spöttischen, harten etc. Phrasierungen mit ein! So oder so muß der Sprecher eine Entscheidung treffen, wie er den Text verstanden haben will. Dasselbe gilt für den Übersetzer, weshalb es wenig Sinn macht, einen Übersetzer zu fragen, hätte man nicht auch so übersetzen können? Man kann immer auch so übertragen! Wenn nicht, wäre die Sprache, wäre der Text sehr arm und der Übersetzer arm dran, da er nicht brillieren könnte. Man muß hier nicht unbedingt von Übersetzung als Spracherweiterung, Auspflanzung oder Umseelung sprechen. Es wird ja nur etwas sichtbar gemacht, was im Text selbst verborgen liegt. Deshalb spreche ich vom Übersetzer als arme Seele oder als Wiedergänger, die sich einen Ersatzleib suchen. Der noch unübersetzte Text ist dieser Leib. Die Einkörperung führt zu einem Leben in einem anderen Kleid. Dieses Kleid ist aber kein willkürliches, sondern eines nach Maßgabe der Vorlage. Der Übersetzer kann nur etwas zum Leben verhelfen, was noch nicht gänzlich abgestorben ist.

Ein guter Text bietet also eine unendliche Fülle von Möglichkeiten des Verstehens und damit auch der Übertragung. Manche sind gut nachprüfbar und manche weniger gut. In der Vergangenheit hat sich der eine, die andere gewundert, warum ich nicht dem Trend folgend, menglong shipai mit Obskurimus bzw. Obskure Schule und menglongshi nicht als Obskures Gedicht übersetzt habe. Meine Wahl fiel auf Hermetismus, Hermetische Schule und das hermetische Gedicht. Aus einem ganz naheliegenden Grund. Seit nunmehr dreißig Jahren findet mein Leben jährlich auch für den einen oder anderen Monat in China statt. Ich kenne die meisten Schriftsteller, die ich übersetze, persönlich. Wir trinken zusammen und wir reden miteinander. So erzählte mir Bei Dao (geb. 1949) schon sehr früh, daß er während der Kulturrevolution die Dichtungen des spanischen Hermetismus der 30er Jahre in der Übersetzung von Dai Wangshu (1905-1950) gelesen habe und unter den Einfluß von García Lorca (1898-1936) geraten sei. Auch ich bin mit den Spaniern seit meiner Schulzeit großgeworden. Dies ist ein Grund, warum mir die Übersetzung von Bei Dao so leicht fällt. Wir haben dieselben Ahnen.

Manch ein aufmerksamer Leser des Romans "Leben" (*Huozhe*) von Yu Hua (geb. 1960) mag bei dem Wort "Kapwegler" gestutzt und sich gefragt haben, was übersetzt denn der Ulrich Kautz da? Verstehe ich nicht! So ein unverständlicher Blödsinn. Wirklich unverständlich? Ja, aber nicht nur für Deutsche. Als ich vor dreißig Jahren in Peking die moderne chinesische Hochsprache erlernte, waren auch wir Studierenden in dem Kampf gegen den Wind von "rechts" (*youqing fan'an feng*) aufgefordert, die Kapwegler zu bekämpfen. Kapwegler heißen auf chinesisch zouzipai. Ich bezweifle, ob dieser politische Begriff, aus drei Silben gebildet, Chinesen, welche die Kulturrevolution nicht miterlebt haben, vertraut sein wird. Sie werden vielleicht auch der Anmerkung bedürfen. *Zouzipai* ist wohl ein eigens von den Theoretikern der Kulturrevolution erfundenes Schlagwort, das sich aus den drei Zeichen für "gehen" (*zou*), "Kapital" (*zi*) und "Schule" (*pai*) zusammensetzt. Ulrich Kautz hat sie zu Kap+weg+ler im Deutschen zusammengezogen. Ein Kapwegler ist folglich jemand, der den kapitalistischen Weg geht, einst ein Schimpfwort für einzelne, welches schlimmste Folgen nach sich ziehen konnte, heute dagegen beschriebe es ein Volk, das sich wie Dagobert Duck am liebsten in Edelmetall wälzen würde.

Ich weiß nicht, ob ein Übersetzer in die Rolle des wirklichen Autoren schlüpfen sollte, den er übersetzt. Zu oft setzt ein Schriftsteller, der sich selber nicht versteht und sein Werk aus politischen Gründen stetig umschreibt, die Treue gegenüber dem Werk leichterdings selber aufs Spiel. Reicht es nicht, daß die Übersetzung das Original ist oder das Original gar übertrifft wie im Falle der Übertragungen von Karin Hasselblatt, die im Deutschen sicherer ist als die von ihr übersetzte, auf den Unterleib fixierte Damenriege (Mian Mian, Wei Hui, Hong Ying) im Chinesischen? Ein anschauliches Beispiel mag Ihnen jedoch hinreichend klarmachen, wie überlegen mitunter die Stimme eines Schattens his master's voice nicht nur im Buch, sondern auch im Leben sein kann.

Bekanntlich sind Chinesen keine öffentlichen Lesungen gewohnt. Das gilt für den Autoren so wie für das Publikum. Als kümmerlich sind daher nicht selten Lesungen chinesischer Schriftsteller zu bezeichnen. Sie wissen nicht, wie sie auf dem Podium stehen sollen, wie sie ihr Buch zu halten haben, wo sie ihre Augen und Hände lassen können, und vor allem bekommen sie kaum den Mund auf, geschweige denn daß sie befähigt wären, ihre neugierige Fangemeinde akustisch zu erreichen. Mitunter werden auch chinesische Zeichen ganz falsch gelesen. Hier bestätigt sich auf die schönste Art und Weise, wie keine der in einem Text steckenden Möglichkeiten von einem Autor realisiert wird, ja, man kann durchaus zum Argwohn neigen, hier verstehe jemand sein eigenes Werk nicht und tue nur so, als sei er der hochberühmte Verfasser. Der Verlag hat bestimmt einen Doppelgänger auf Reisen geschickt und schone seine sprudelnde Geldquelle bei Sekt und Kaviar in der Luxussuite eines Hotels, vielleicht noch versüßt durch ein deutsches Fräuleinwunder. Bekanntlich sind chinesische Literaten heute keine Kostverächter mehr wie noch zu Zeiten der Kulturrevolution und erheben inzwischen auf allen Gebieten die höchsten Ansprüche.

Um einen Literaten aus China nicht sang- und klanglos im deutschen Sprachraum untergehen zu lassen, scheinen deutschsprachige Verlage inzwischen Trainingsstunden für ihre Übersetzer anzuberaumen. Wie lese ich einen übersetzten Text richtig? So könnten Einladungen zu Wochenendseminaren lauten. Da ich selbst kostspieligen Sprechunterricht genommen und aus eigener Tasche finanziert habe, um einen Abend mit chinesischen Autoren wenigstens zu 50% zu einem Erfolg werden zu lassen - denn inzwischen verlangt man dem möglicherweise nörgelnden Publikum Eintrittspreise bis zu zehn Euro ab -, so kann ich mir lebhaft vorstellen, was Ulrich Kautz dank eines spendablen Auftraggebers namens Diogenes oder Klett-Cotta alles an Vortragskunst hat lernen können, was eine gelungene Veranstaltung so braucht. Machen Sie einmal die Probe aufs Exempel! Folgen Sie Ulrich Kautz zu einem, wie man heute neumodisch sagt, Event! Sie werden es nicht bereuen, mag Ihr Lieblingsautor Sie auch noch so enttäuschen. Sie werden sich dann an die Geschichte "Eine kleine Begebenheit" von Lu Xun (1881-1936) erinnert fühlen, in welcher ein Rikschafahrer über seinen Gast, einen Intellektuellen, im entscheidenden Augenblick buchstäblich hinauswächst. Und was ist ein Übersetzer anders als ein Kuli, der seinen zeitweisen Herrn sicher an ein gewünschtes Ziel bringen soll? Dieses Ziel lag Mai 2000 im schönen Senatssaal der Universität Bonn zum Greifen nahe. Eingeladen hatte das dortige Haus der

Sprache und Literatur. Während der damalige Gast Yu Hua wenig Lust verspürte, aus seinem neuen Roman "Der Mann, der sein Blut verkaufte" (*Xu Sanguan mai xue ji*) vor sprachkundigem Publikum auf chinesisch vorzutragen, ja auf seinem Stuhl innerhalb von zehn Minuten zaghafter Lesebemühungen regelrecht zu verkümmern schien, erwies sich der Übersetzer, kaum war sein Part gekommen, als Megaman: Er las im Stehen und je länger er las, um so mehr schien er die hohe Decke des Senatssaals einzuholen. Er las artikuliert, kein Vokal wurde verschluckt, kein Konsonant ungebührlich vernachlässigt, das Tempo war reguliert, die Stimmlage der Dramatik der Erzählsituation angepaßt. Angemessene Pausen gaben dem Publikum die Gelegenheit, das Gehörte nachschwingen zu lassen. Aber wichtiger noch: Der Sprecher bewegte seine Hände, als verstünde nur er das Werk richtig, als wollte er einer Schar zur Unruhe neigender Studenten die wahre Geschichte vom Mann, der sein Blut verkaufte, auch noch anschaulich machen.

"Waren Sie auf der Schauspielschule?" wollte ich nach der zu aller Begeisterung verlaufenen Veranstaltung von Ulrich Kautz wissen. Er bestritt dies aufs heftigste. Dennoch beschlich mich das Gefühl, daß die DDR zwar viel falsch gemacht haben mag, aber nicht bei der Ausbildung ihrer Übertragungskünstler. An besagtem Abend war der Übersetzer und nicht der Autor der Star. Beckmesser mögen einwenden, das darf nicht sein. Doch wer in der Theorie recht hat, hat in der Praxis noch nicht gewonnen. Der Übersetzer befindet sich auf dem freien Markt. Er führt einen Kampf gegen viele Seiten, und er ist zum Erfolg verdammt, will er weitere Übersetzungsaufträge bekommen und nicht mitten im Übersetzungsprozeß von seinem Auftraggeber gestoppt werden, wie Ulrich Kautz in diesen Jahren hat leidvoll erfahren müssen. In der Tat kann es sein, daß er seinen Autoren besser kennt als dieser sich selbst. Dies hat mit der Gewissenhaftigkeit des Übersetzers und mit der Vergeßlichkeit des Autoren zu tun. Auch ich muß Autoren immer wieder an Worte erinnern, die sie einmal ernsthaft geäußert, aber bald wieder vergessen haben. In dieser Hinsicht ist ein Übersetzer nicht selten das gute Gedächtnis des Schriftstellers, insofern museumsreif.

Kurz, ein guter Übersetzer verhilft einem Autoren so zu einem besseren Werk in einer anderen Sprache wie zuvor oder wie früher ein Lektor in der Muttersprache. Was ein guter Lektor in einem Original kürzt oder ändert, erfahren wir selten. Wir fragen nicht einmal danach. Nur wenn der Übersetzer offensichtlich ähnliches tut, dann scheint er sich am vermeintlich heiligen Original zu versündigen, selbst wenn er im Impressum bekennt "gekürzt in Übereinstimmung mit dem Autoren", auch wenn er den Verlag als Kronzeugen dafür anführen kann, daß es partout der Lektor war, der ihm das schlechte Original nicht nicht in schlechter Übertragung hat durchgehen lassen wollen.

Ein Übersetzer muß sich also entscheiden, ob er selber Hand anlegt oder durch einen anderen Hand anlegen läßt. Das Ergebnis ist immer dasselbe: Die kundige Leserschaft wird, ob positiv oder negativ, denjenigen verantwortlich machen, der namentlich auf der Innenseite unter dem Buchtitel erscheint.

Wir feiern heute akademischen Abschied von einem Hochschullehrer, der sein ganzes Leben der chinesischen Sprache und Literatur gewidmet und reichlich Zeugnis hinterlassen hat. Ich hoffe, ihn haben nie die Zweifel befallen, die mein steter Begleiter waren, und ich hoffe, er hat die Kritiker gefunden, die seiner hohen Meisterschaft im Chinesischen wie im Deutschen hinreichend Lob gezollt haben. Es bliebe mir dann nur zu wünschen übrig, eines Tages würde ihm ein Übersetzerpreis für sein Lebenswerk zufallen. Für ihn und sein Leben darf zwar gelten: ad multos annos, aber die Preise sollten ein Recht haben, mit ihm älter zu werden, sie sollten nicht so viele Jahre, wie ihm noch gegönnt sein mögen, auf sich warten lassen.

Zu guter Letzt ein persönliches Wort: Ich habe Ulrich Kautz 1988 in Bonn kennengelernt. Ich hatte zu einer Übersetzerkonferenz eingeladen, an welcher auch Peter Kupfer teilnahm. Der Jubilar kam damals noch aus der DDR. Mich überraschte beim ersten Abendessen daheim in der Südstadt seine Offenheit. Er erzählte von Dingen, die heute Geschichte sind, aber damals wehtaten. Waren das schon die Vorboten einer bald kommenden Wende? Ich weiß es nicht, ich weiß wohl, daß mit Ulrich Kautz jemand kam, der das Übersetzen und Dolmetschen in Theorie und Praxis leidenschaftlich betrieb und betreibt. Ein Glücksfall für die (deutschsprachige) Sinologie!

Aus dem Alltag des Unmöglichen –
Zu Theorie und Praxis des Übersetzens aus dem Chinesischen

Peter Hoffmann

Professores, meine Damen und Herren, liebe Kommilitonen,

"Hier, beim Chinesischen das Ideal der 'Wörtlichkeit' aufzustellen, wäre kaum zu vertreten."[1]

Als ich vor einigen Jahren auf den kleinen Artikel von Herbert Franke aufmerksam wurde, war ich erstaunt, ja erschrocken. Und das aus hauptsächlich zwei Gründen. Zunächst war ich überrascht, einen Gedanken von solcher Trag-weite so früh – der Artikel wurde 1955 veröffentlicht – und von sinologisch so exponierter Stellung zu vernehmen. Überrascht auch deshalb, weil ich hier etwas formuliert fand, was ich selbst nur im Stillen meiner Magisterarbeit in der Auseinandersetzung mit Walter Benjamins Übersetzungstheorie eigentlich nicht wirklich zu denken gewagt hatte. Erschrocken, da dieser Gedanke eine der wesentlichen Koordinatenachsen sämtlicher gängiger Übersetzungstheorien aus den buchstäblichen Angeln hebt.

Und das wird das Thema meines Vortrags sein: Dieser kleine Satz von Herbert Franke und seine Auswirkungen nicht nur auf das Übersetzen aus dem Chinesischen, sondern auch auf die allgemeine Übersetzungstheorie und -praxis. Es wird also zu zeigen sein, inwiefern die besonderen Gegebenheiten des Chinesischen uns zwingen, traditionelle westliche Konzepte des Übersetzens zu überdenken.

Dabei wird sich eine überraschende Verwandlung unserer bisherigen Wertvorstellungen vollziehen: Erschien die Übersetzung bisher als eher lästiges und sekundäres philologisches Handwerkszeug, das im Dienst der höheren und allerhöchsten Aufgaben von Kulturvergleich und Kulturverständnis stand, so rückt unsere Untersuchung sie mitten ins Zentrum jeden Vergleichs und Verständnisses – und das nicht nur in der dünnen Luft allerletzter philosophischer Fragen, sondern auch in der so gesicherten Atmosphäre unserer täglichen Kommunikation hinein – so z.B. auch in den Versuch, sich mittels eines Vortrages (oder Aufsatzes) verständlich zu machen: einem Auditorium, das mit dem Vortragenden davon ausgeht, der deutschen Sprache mächtig zu sein, so z.B. auch in dem Selbstdeutungsversuch eines Selbsts, das man gemein- und leichthin oft das Eigene nennt.

---

[1] Herbert Franke, "Bemerkungen zum Problem der Struktur der chinesischen Schriftsprache", in: *Oriens Extremus*, Jahrgang 2, Dezember 1955, Heft 2, S. 140.

Damit nicht genug, das scheinbar nebensächliche Handwerkszeug tritt uns in einer der wesentlichen Fragestellungen des Fremden, für uns Sinologen des Chinesischen, nämlich im daoistischen Zweifel an der Vertrauenswürdigkeit der Sprache, gerade in dem Augenblick entgegen, in dem wir uns aufmachen, die Formulierungen dieses Zweifels in die deutsche Sprache zu übersetzen.

Denn der daoistische Zweifel macht uns bereits bei dem Versuch, die Realität zu beschreiben, zu "bescheidenen Übersetzern" dieser Realität (um einen Ausdruck unseres sinologischen wie lyrischen Gewährsmanns Günter Eich zu benutzen), macht also schon den ersten Vorgang der Versprachlichung zu einem beargwöhnten Akt der Übersetzung[2], der alle weiteren dann sekundären und tertiären Übersetzungen selbstverständlich kontaminiert.

Die Frage nach unserem Handwerkszeug entpuppt sich also als Frage nach unseren Grundlagen, die Frage nach der Übersetzbarkeit des Fremden ins Eigene entpuppt sich als Frage nach der Übersetzbarkeit des Eigenen, mithin als Frage danach, ob wir uns im sicheren Besitz der Dinge wähnen können, die wir als das Eigene bezeichnen.

In doppeltem Sinn wird die Frage nach der Übersetzbarkeit des Fremden zur Frage nach uns selbst; einem Selbst, das durch die Frage selbst schon zum Fremden wird, das eine Übersetzung und somit eine Übersetzungstheorie und eine Übersetzungspraxis erfordert. Das, so denke ich, bedarf der Erläuterung.

Koordinatenachsen der allgemeinen übersetzungstheoretischen Diskussion

Um die Brisanz der anfangs zitierten These von Herbert Franke und des Chinesischen für eine allgemeine Übersetzungstheorie deutlich zu machen, will ich in einer sehr knappen und vereinfachten Zusammenfassung die wesentlichen übersetzungstheoretischen Ansätze der letzten beiden Jahrhunderte umreißen.

Vereinfacht gesagt bewegen sich sämtliche Diskussionen um das Problem der Übersetzung in einem Raum, der wesentlich von drei Koordinatenachsen gebildet wird.

Treue und Freiheit

Die erste und sicher bekannteste Raumachse bewegt sich zwischen den Polen 'wörtlich' und 'frei'. Unter wörtlicher oder auch wortgetreuer Übersetzung wird gemeinhin eine Übersetzung verstanden, die sich an das Wort hält, wie es im Buche steht. Und zwar in der Regel im Wörterbuche.

Die freie Übersetzung bewegt sich davon weg hin zu einer Übersetzung, die den Sinn des Originals und seine allgemein ästhetischen Charakteristika in den Vordergrund stellt und, wenn man so will, die Funktion des Originals in seinem

---

[2] Günter Eich, "Nicht geführte Gespräche", in: *Gesammelte Werke*, Band 1, Frankfurt/ Main 1973, S. 104.

natürlichen heimatlichen Umfeld in das fremde Umfeld einer anderen Sprache transponieren will. Dieses Begriffspaar ist, wie im übrigen auch alle weiteren, allerdings dialektisch zu denken, d.h. es gibt keine Freiheit der Übersetzung ohne zumindest die Möglichkeit der Worttreue. Vor diesem Hintergrund verspricht der Satz von Franke nichts Gutes.

Möglichkeit und Unmöglichkeit der Übersetzung
Die zweite Raumachse wird gebildet von einer Diskussion, die an die gerade beschriebene eng anschließt: Es ist die Frage nach der grundsätzlichen Möglichkeit oder Unmöglichkeit des Übersetzens überhaupt. Dabei ist zunächst einmal erstaunlich, daß im Grunde kein Zweifel mehr an der generellen Unmöglichkeit der Übersetzung besteht. Niemand hält eine absolute Übersetzung für möglich.

Die Divergenz der Wortfelder scheinbarer Äquivalente in verschiedenen Sprachen ist viel zu groß, um in irgendeiner Weise sinnvoll eine Übersetzung als möglich anzusehen, die deckungsgleich alle Konnotationen eines Originals übertragen könnte.

So kann man das deutsche *Hund* durchaus mit dem chinesischen 狗 *gou* übersetzen, solange der deutsche *Hund* kein Schimpfwort ist oder ein quadratisches Brett mit vier Rollen, das zum Möbeltransport eingesetzt wird, oder der Teil eines Herrengedecks aus Bier und Schnaps, das in manchen deutschen Gegenden als *Herr und Hund* bezeichnet wird. Das einem Chinesen in einer dieser Bedeutung als 狗 *gou* zu servieren, würde auf wenig Verständnis stoßen.

Noch deutlicher wird dies bei idiomatischeren Ausdrücken – wer, wie ich als junger Student in Taiwan, einmal spaßeshalber versucht hat, chinesischen Freunden den Ausdruck: *Er sitzt auf dem hohen Roß* etwa mit 他骑着一匹高马 *ta qizhe yi pi gao ma* zu übersetzen, weiß, wovon ich rede.

Es sind sich also alle einig, daß eine absolute Übersetzung unmöglich sei.

Damit aber nicht genug. Denn das zeitweise Aufstöhnen von uns Übersetzern über die Unmöglichkeit dessen, was wir da treiben, erscheint bei noch genauerem Hinsehen als seltsam widersinnige Geste. Und zwar dann, wenn man sich klar macht, daß eine absolute Übersetzung, die in allem mit dem Ausgangstext übereinstimmte, **eben nichts anderes wäre als das Original selbst.**

Das führt zu der paradoxen, aber nichtsdestoweniger einzig sinnvollen Feststellung, daß die letztliche Unmöglichkeit der Übersetzung eine Übersetzung erst möglich und überhaupt erst erforderlich macht. Anders gesagt: In der Bewußtlosigkeit des Rausch, der Ekstase, der unio mystica, was immer Sie wollen, gibt es weder Sprache noch Übersetzung. Für unser Thema heißt das, noch einmal: **Die Unmöglichkeit der Übersetzung ist die Vorraussetzung für ihre Möglichkeit und Bedingung ihrer Notwendigkeit.**

In dieser Fragestellung sind jedoch mehrere weitere Fragestellungen verborgen. Es sind dies die Fragen nach der näheren Bestimmung einer etwaigen Möglichkeit der Übersetzung, was einer Bestimmung eines *tertium comparationis* im

Vergleich zweier Ausdruckssysteme gleichkommt. Denn nichts anderes ist die Übersetzung als ein spezieller Vergleich zweier Ausdruckssysteme – wir werden noch im einzelnen darauf zu sprechen kommen es ist die Frage nach den Konsequenzen, die es hat, wenn man die allgemeine Unmöglichkeit der Übersetzung feststellt; vor allem nach der Konsequenz, die eine solche Feststellung für die gängige Übersetzungspraxis hätte. Anders gefragt: Welchen Status hätten unsere Übersetzungen, als was wären sie zu beschreiben, wenn sie vor dem anerkannten Hintergrund einer allgemeinen Unmöglichkeit des Übersetzens entstünden? Denn soviel scheint klar: Ganz gleich wie die Frage, die auf dieser Raumachse beheimatet ist, beantwortet wird, auf die überaus rege praktische Übersetzungsarbeit hat sie bisher keine Auswirkungen gehabt und es steht zu vermuten, daß sie das auch in Zukunft nicht tun wird.

Die Frage nach der Möglichkeit des Übersetzens überhaupt läuft also praktisch auf die Frage nach dem Status der real existierenden Übersetzungen im Bezug auf das ihnen zugrunde liegende sogenannte *Original* hinaus.

Illusionistische und Anti-Illusionistische Übersetzung

Die letzte der drei angesprochenen Raumachsen wird gebildet von einem Begriffspaar, das verschieden bezeichnet worden ist und das ich mit den, wie mir scheint klarsten und verständlichsten Begriffen kennzeichnen möchte, die m. E. auf dem Markt sind: Illusionistisch und anti-illusionistisch.[3]

Unter einer *illusionistischen Übersetzung* versteht man den Versuch, der Übersetzung den Anschein des Originals zu verleihen. D. h. alle Spuren des Übersetzungsvorgangs, alle Spuren des Fremden werden beseitigt, um dem Leser der Übersetzung den Eindruck zu vermitteln, es handele sich um ein Original seiner eigenen Sprache. Diese Übersetzungen sind in der Regel freie Übersetzungen, die versuchen, den Eindruck, den das Original beim Leser des Originals hinterließ, in irgendeiner Form auch dem Leser des Originals zu vermitteln. (Wie man vielleicht schon vermutet, liegt das Problem hinter der Formulierung 'in irgendeiner Form' verborgen – doch zu den Problemen später). Ein gereimtes Gedicht im Chinesischen wird auch in der Übersetzung gereimt, lange Satzreihen in der chinesischen Prosa führen zu langen Satzreihen in der Prosa der Übersetzung usf.

Die *anti-illusionistische Übersetzung* ist dagegen bemüht, die Übersetzung als Übersetzung zu kennzeichnen. Sie verfährt in diesem Sinne wie ein Schauspieler, der mitten in der Aufführung aus seiner Rolle heraustritt und sich direkt, sozusagen als Privatperson, an die Zuschauer wendet: "Im übrigen - mein Name ist nicht Mephisto, sondern Gründgens."

---

[3] Zu einer ausführlichen Erläuterung dieser Begriffe, siehe Jíri Lévy, *Die Literarische Übersetzung*, Frankfurt/ Main 1969. Dieses Buch eines der besten in deutscher Sprache vorliegenden Bücher zur strukturalistischen Übersetzungstheorie.

In ihrer konsequentesten Ausführung bei Walter Benjamin und in seinem Gefolge bei den Poststrukturalisten schreibt diese Vorstellung aus der Unmöglichkeit der Übersetzung und dem daraus resultierenden, bereits angesprochenen Paradox einer durch die Unmöglichkeit ermöglichten und durch eben diese Möglichkeit unmöglich gemachte Übersetzung sich selbst in einen Diskurs ein, der bis in den Diskurs von, um und über den chinesischen Daoismus reicht.

Die Anti-Illusion wird sprachlich zu erreichen versucht durch eine Sonderform der Wörtlichkeit, die nicht auf die Wort-Bedeutung, sondern auf die Wort-Form rekurriert und sie als fremde Form in die andersgearteten Formen der eigenen Sprache transportiert: "Wörtlichkeit der Übersetzung [in diesem Sinn] bedeutet eine weitgehende Berücksichtigung der Syntax des ausgangssprachlichen Textes und damit eine Fragmentierung des Sinns" innerhalb des Textes der Zielsprache, ein Verfahren, das "die Fremdheit der anderen Sprache in der Übersetzung durchschimmern"[4] lassen soll.

Diese Tradition geht in Deutschland auf übersetzungstheoretische Ansätze der Romantik zurück, die sich von dem rational ausgerichteten Übersetzungsideal der Aufklärung losmachen und die eigene Sprache mit Formen des Fremden erweitern und bereichern wollte. Berühmte Beispiele sind hierfür die Sophokles-Übersetzungen Hölderlins und die Platon-Übersetzungen Schleiermachers. Beiden ist ohne weiteres das angesprochene Bemühen anzumerken, sei es in der typischen Art mit Neologismen wie 'heiligfalsch' die Sprachführung des Altgriechischen nachzuahmen, sei es durch den ungewöhnlichen Satzbau – beides Anstrengungen, ohne die Hölderlins Lyrik gar nicht denkbar wäre.

Einige Beispiele:
1. Hölderlin, Sophokles-Übersetzung (Oedipus der Tyrann)

> Lycischer König, die deinen auch, vom heiligfalschen
> Bogen möchte ich die Pfeile,
> Die Ungebundensten, austeilen,
> Wie Gesellen, zugeordnet!
>
> Dem sag ich, daß er's all anzeige mir,
> Und wenn die Klag er fürchtet, gibt er's selbst an,
> So wird unsanft er anders nicht leiden.
> [...]
> Verborgen, seis mit mehreren, er soll
> Abnützen schlimm ein schlimm unschicklich Leben;
> [...]

---

[4] Alfred Hirsch, "Die geschuldete Übersetzung", in: *Übersetzung und Dekonstruktion*, Frankfurt/ Main 1987, S. 419.

> Ich hab es gesagt, o König!
> Nicht einmal nur, du weißt es aber,
> Gedankenlos, ausschweifend
> Im Weisen, erschien' ich,
> Wenn ich von dir mich trennte[5]

2. Schleiermacher – Platon Übersetzungen:

> Zumal ich auch sonst, wenn ich irgend philosophische Reden selbst führe oder von anderen höre, außer daß ich denke dadurch gefördert zu werden, mich ausnehmend daran erfreue; wenn aber andere, besonders die eurigen, die der Reichen und der Geldmänner, das macht mir selbst Verdruß, und auch euch Freunde bedaure ich, weil ihr glaubt, etwas zu schaffen, da ihr doch nichts schafft.[6]

Diese Herangehensweise war immer umstritten und ist oft genug in ihrer Zielsetzung völlig verkannt worden. Man ging sogar soweit, in neueren Platon-Ausgaben die Schleiermacher-Übersetzungen selbst wieder zu übersetzen – in ein leichter konsumierbares Deutsch.

Mit dieser [der Schleiermacherschen Übersetzung] hat es eine besondere Bewandtnis: ein so glänzender Stilist Schleiermacher da ist, wo er seine eigenen Gedanken vorträgt, wie in den "Reden über die Religion" oder in den "Monologen", so undeutsch ist seine Platonübersetzung geraten. In dem Bestreben, sich so eng als möglich an den Originaltext anzuschließen, hat Schleiermacher die grundlegenden Unterschiede zwischen der griechischen und deutschen Sprache vollständig übersehen oder absichtlich ignoriert: Häufung überflüssiger Partikeln, undeutsche Wortstellung, schwerfällige Satzbildung, sind ihre stets wiederkehrenden Fehler.

Die auf dieses Mißverständnis folgende Bearbeitung der Schleiermacher-Übersetzung hat das Ziel, "die Unebenheiten [...] zu glätten."[7].

Auf dem Theater wird die Anti-Illusion nach allen möglichen Experimenten z.B. mit der Einbeziehung des Publikums in den Spielvorgang selbst allerdings bereits obsolet und in eine Bewegung hineingezogen, die sie im Grunde nicht beabsichtigt hat. Denn längst ist nicht mehr klar, ob die Anti-Illusion nicht Teil des Stückes ist, also Teil einer Illusion auf einer nächsten Ebene, eine Meta-Illusion sozusagen, die eine weitere Meta-Desillusionierung brauchte, die selbst

---

[5] Friedrich Hölderlin, "Ödipus der Tyrann", in: Friedrich Beißner/Jochen Schmidt, *Hölderlin Werke und Briefe*, F/M 1969, Bd. 2, S. 682f.
[6] Friedrich Schleiermacher (übers.), "Platon – Symposion", in: *Platon – Sämtliche Werke*, Band II, Hamburg 1957, S. 207.
[7] Wilhelm Nestle (Hg.), "Vorwort", in: *Platon – Hauptwerke*, Leipzig 1938, S. VIII.

wiederum in eine Meta-Meta-Illusion aufgelöst werden könnte, die wiederum – und so fort.

Denn es könnte ja sein, um unser Beispiel wieder aufzugreifen, daß der Schauspieler, der sich mit bürgerlichem Namen als Gründgens zu erkennen gibt, gar nicht Gründgens heißt, sondern Klaus-Maria Brandauer, der Gründgens spielt wie er Mephisto spielt.

Eine Denkbewegung und –konsequenz im übrigen, die sich unter dem Begriff der VERSCHIEBUNG als allgemeines Problem der sprachlichen Erfassung der Welt im Poststrukturalismus stellt und als Problem der BESTIMMUNG DES ANFANGS, der doch immer noch einen Anfang vor dem Anfang des Anfangs des Anfangs usf. denken läßt, sich z.b. im *Zhuangzi* als Sprachzweifel ausspricht.

Wir sprechen hier letztlich vom Spiel der Saussure'schen Signifikanten und Signifikate, der Worte und ihrer Bedeutung, die einen paradoxen Tanz aufführen:

Fischreusen [sagt Zhuangzi] sind da um der Fische willen; hat man die Fische, so vergißt man die Reusen. Hasennetze sind da um der Hasen willen; hat man die Hasen, so vergißt man die Netze. Worte sind da um der Gedanken willen; hat man den Gedanken, so vergißt man die Worte. Wo finde ich einen Menschen, der die Worte vergißt, damit ich mit ihm ein Wort wechseln kann.[8]

Das Wort *Fisch*, sagt Zhuangzi, ist die Reuse, mit der ich die Bedeutung *Fisch* fange. Das Wort *Fisch* als Fanggerät macht den Zugriff auf den Fisch, die Bedeutung, möglich. Doch in dem Augenblick, in dem ich auf diesen Bedeutungsfisch zugreifen will, flutscht er mir aus den Händen – Fisch, das Wort, war Fanggerät und Beute, Signifikant und Signifikat – doch wenn ich auf die Beute zugreifen will, greife ich nicht den Fisch, sondern eine erneutes Fanggerät mit dem Namen: *Bedeutung Fisch*, oder *Beute-Fisch* usf. Und Zhuangzi weiß das – und schließt mit einer Ironie, einem Paradox: Er wartet auf jemanden, der die *Worte vergißt*, um mit ihm ein *Wort zu wechseln*, er sucht jemand, wie er an anderer Stelle sagt, der in der Lage ist, in Nicht-Worten (*wuyan*) zu sprechen. Wir werden darauf zurückkommen.

Diese Verschiebungsbewegung von Signifikant und Signifikat hat im 20. Jahrhundert letztlich den *linguistic turn* in der westlichen Philosophie ausgelöst, nach dem alles Philosophieren, jeder Versuch der Erkenntnis von der Sprache ausgeht und auf sie zurückkehrt. Es ist diese Wendung zur Sprache hin, die, so könnte man überspitzt formulieren, alle Erkenntnistheorie grundsätzlich zu einer Übersetzungstheorie gemacht hat. Und eben dieser *linguistic turn* wird wie die

---

[8] Nach Richard Wilhelm, *Dschuang Dsi – Das wahre Buch vom südlichen Blütenland*, Köln 1969, S. 283.

Moderne von chinesischer Seite nicht zuletzt auch auf die Begegnung des Westens mit der daoistischen Philosophie, insonderheit mit dem Buch *Zhuangzi* zurückgeführt.[9]

Zurück zur Ausgangsthese Frankes. Doch bevor wir uns in Beispielen und der dünnen Gipfelluft daoistischer und poststrukturalistischer Sprachphilosophie verlieren, lassen Sie uns zu der konkreteren These Frankes zurückkehren, von der Übersetzung aus dem Chinesischen Wörtlichkeit zu verlangen, sei kaum zu vertreten – und die Frage stellen, wie sich die Eigenart des Chinesischen auf die Möglichkeit einer anti-illusionistischen Übersetzung auswirkt.

Was sind die Gründe für diese These? Und wichtiger, wenn wir uns diesen Gründen anschließen, welche Konsequenzen ergeben sich aus ihr für eine allgemeine Übersetzungstheorie und die daraus resultierende Praxis?

Verblüffenderweise sind diese Fragen gar nicht Thema des Aufsatzes, dem die These entnommen ist. Franke beschäftigt sich hier, und das sehr knapp, mit den Problemen, welche die Struktur der chinesischen Sprache für eine grammatische Beschreibung aufwirft und kommt erst auf der letzten Seite abschließend noch zu "ein paar Bemerkungen zum Problem der Übersetzung."[10] "Es sei erwähnt", führt er aus, "daß die Übersetzungen chinesischer Texte in andere Sprachen [...] sprachwissenschaftlich zur Erhellung der syntaktischen Struktur des Chinesischen methodisch keinen [...] Wert haben." Solche Übersetzungen **können** "nichts über die Syntax des Chinesischen aussagen [...]. Der eigenartige Sprachbau des Chinesischen macht im übrigen von vornherein jede Übersetzung in weit stärkerem Maße zur Paraphrase als etwa eine Übersetzung in eine andere verwandte. Hier beim Chinesischen das Ideal der 'Wörtlichkeit' aufzustellen, wäre kaum zu vertreten."[11]

Und sofort, noch bevor wir diese Aussage über das Fremde richtig verdaut haben, biegt sich das Fremde in das Ureigenste zurück, der Befund im Blick auf die chinesische Sprache kontaminiert die Selbstverständlichkeit des Eigenen/Europäischen.

Franke sagt weiter: "Man kann ja noch nicht einmal aus dem Lateinischen *Ceterum censeo Carthaginem esse delendam* wirklich wörtlich übersetzen, d.h. transpositiv und Wort für Wort. Das Deutsche kennt kein Gerundivum."[12]

Diese Aussage beinhaltet zweierlei: Die Absage an unsere Wörterbuchwörtlichkeit der Achse *wörtlich - und frei* – an sie hatten wir uns ohnehin gewöhnt als wir die Unmöglichkeit absoluter Übersetzung einräumen mußten –,

---

[9] So 吴光明 Wu Guangming, 莊子 *Zhuangzi*, 台北 Taibei 1988, S. 4: "Das philoso-phische Denken des Buches *Zhuangzi* mußte zu einer weltweiten Revolution im Bereich der Methodendiskussion führen."
[10] Franke, S. 140.
[11] Ebd.
[12] Ebd.

aber auch an die Grundlage der Anti-Illusionistischen These. Sie erinnern sich, dort hieß es in der Benjamin'schen Ausformung, man solle die Syntax der Ausgangssprache ohne Rücksicht auf Sinnverlust in der Zielsprache beibehalten, um so "die Fremdheit der anderen Sprache in der Übersetzung durchschimmern zu lassen"[13].

Franke behauptet, es sei unmöglich, die Syntax des chinesischen in einer westlichen Sprache abzubilden, wo dies doch schon aus dem Lateinischen nicht gelinge. Denn das Deutsche kenne z. B. kein Gerundivum: "Wer analogisch eines bildet ('zu zerstörend'), schreibt schlechtes Deutsch."[14]

Dem würden Anti-Illusionisten widersprechen. Das schlechte Deutsch, in ihren Worten den *Sinnverlust* nähmen sie in Kauf, um die Fremdheit des Originals durchschimmern zu lassen. Alles andere wäre für sie ein nicht zu akzeptierendes und zu rechtfertigendes "Schielen nach dem Leser".[15] Für sie ist mit Benjamin "die Interlinearversion des heiligen Textes [...] Urbild oder Ideal aller Übersetzung"[16].

Ohne an dieser Stelle auf die vielfältigen Konnotationen des Ausdruckes 'heiliger Text' eingehen zu wollen, der auf das Original aller Originale und damit auf das Wort Gottes verweist, wollen wir diesen Begriff nur auf das jeweilige allgemeine Original beziehen.

Die hier nicht hilfreiche Analogie zum Lateinischen verlassend wäre die Frage zu klären, ob, wie Franke behauptet, eine Interlinearversion aus dem Chinesischen unmöglich ist, es also unmöglich ist, die Syntax des Chinesischen so nachzustellen, daß im Deutschen die Fremdheit des Chinesischen durchschimmert. Eine Version mithin zu erstellen, die ohne Rücksicht auf den Sinn des Originals oder der Übersetzung die Formen des Originals in die Zielsprache hinüberzöge.

Wir stimmen Franke aus zwei Gründen zu: Das Chinesische hat keine Syntax, die sich abbilden ließe. Genauer, das Chinesische hat keine Syntax im westlichen Sinn, wo durch Deklination und Konjugation Formen entstehen, die abbildbare Strukturen bilden. Das Chinesische ist wesentlich parataktisch, d.h. die Funktion eines Wortes bis hin zu seiner Wortart wird durch seine Stellung im Satz, durch Parallelismen und andere Mittel angezeigt. Jetzt könnte man einwenden: Ja aber, dann übersetzen wir Substantive und Adjektive immer in den Nominativ, Verben immer im Infinitiv und erstellen so eine Interlinearversion.

Nun ist ein chinesisches Wort wie 走 *zou* gehen aber weder ein Infinitiv, noch eine irgendwie geartete Person. Es verändert sich nicht. Vom Chinesischen

---

[13] Hier steht, wohlgemerkt, die Fremdheit der anderen Sprache, nicht die Eigenart!
[14] Franke, S. 140
[15] Siehe Rudolf Pannwitz, *Die Krisis der europäischen Kultur*, München 1921, Bd. 2, S. 240.
[16] Walter Benjamin, "Die Aufgabe des Übersetzers", in: *Walter Benjamin – Schriften*, hrsg. von Tillman Rexroth, Frankfurt/ Main, 1972, Bd. 4/1, S. 21.

Wort her gesehen ist auch die unbestimmte, infinite Form des Infinitiv eine flektierte Form.

Als Interlinearversion ließen sich lediglich alle möglichen Wortarten und Wortbedeutungen, die ein chinesischen Wort/Schriftzeichen annehmen kann, auflisten. Das Resultat wäre allerdings keine Interlinearversion, sondern ein Auszug aus dem Wörterbuch. Eine irgendwie geartete Übertragung der Ebene der Schriftzeichen ist völlig unmöglich. Auch deren Illusion läßt sich nicht aufbauen.

Wie aber würde sich eine anti-illusionistische Übersetzung aus dem Chinesischen ausmachen? Ist sie überhaupt möglich? Sind Versuche in dieser Richtung gemacht worden? Es sind Versuche in dieser Richtung unternommen worden, aber wenige.

Soweit mir bekannt, sind lediglich auf dem Gebiet der Transkription oder der Übersetzung von Namen immer wieder Versuche unternommen worden, die an anti-illusionistische Übersetzungen erinnern oder zumindest eine vergleichbare Wirkung hervorrufen wollen. Obwohl diese Übersetzungen eher aus dem Bedürfnis nach Wörtlichkeit und nach Informationsübermittlung geboren wurden, ist doch eine gewisse Verfremdung des Textes durch solche Namensübersetzungen zu verzeichnen.

Einen solchen Versuch zum Beispiel unternimmt Victor Mair in seiner *Zhuangzi*-Übersetzung. Der Text *Zhuangzi* ist bekannt dafür, daß manche Namen allegorisch aufgeladen sind, also Bedeutung haben. Dem ist von allen großen Übersetzen, wie z. B. von Richard Wilhelm oder Burton Watson Rechnung getragen worden. Mair aber trennt die wirklich allegorischen Namen nicht von den einfachen Namen, deren Schriftzeichen natürlich ebenfalls eine Bedeutung haben, so wie unsere westlichen Namen einen meist etymologisch erschließbaren Sinn. Namen wie *Meister Onkel Warmschnee* oder *Bergschlucht Arbeiter* machen den Text oft komisch in einer vom Original so nicht beabsichtigten Weise. Den Höhepunkt bildet hier die nicht erläuterte und als solche eingeführte Übersetzung der "bürgerlichen" Namen von Konfuzius (*Kong Qiu*, auf deutsch etwa *Kong vom Hügel*) und Laozi (*Lao Dan* als *Altes Langohr*) – die Textstelle beginnt damit, daß Konfuzius diese oder jene Worte für Unsinn halte. Von *Meister Furchtsame Elster* nach seiner Meinung gefragt, antwortet Meister Altes Langohr, selbst der Gelbe Kaiser wäre verwirrt, wenn er solche Worte hörte, wie sollte *Hügelchen* sie verstehen können? Jetzt werden Sie einwenden: Aber da gab es doch noch die Versuche von Ezra Pound und dem amerikanischen Imagismus, über die chinesischen Schriftzeichen und die klassische chinesische und japanische Poesie sich selbst aus den viktorianischen mit *Wie* eingeleiteten Metaphernstürmen zu retten und eine härter gefügte, dem Wesen nach parataktische Dichtungssprache zu entwickeln.

Diese Versuche sind mit großem Erfolg unternommen worden. Mit einer Nachahmung des Fremden im Chinesischen als Sprache jedoch hatten sie nichts zu tun. Denn was sie nachahmten, war nicht die Parataxe der chinesischen Sprache, was, wie wir gesehen haben, für unsere Sprachen schlichtweg unmöglich ist, sondern den **parataktischen Stil** klassischer chinesischer Dichtung. Die Parataxe in der Übersetzung wird bei uns sofort Stil. Ein parataktischer Stil jedoch muß kein 'schlechtes Deutsch' sein, hat aber auch mit der Parataxe der chinesischen Sprache nichts zu tun..

Darüber hinaus gibt uns das Chinesische aber noch eine weitere Tatsache zu denken auf: Die Anti-Illusionistische Haltung versuchte, die Übersetzung als, wie wir gesehen haben, letztlich unmöglich Übertragung des *Fremden als Sinn* dadurch zu retten, daß sie das *Fremde als Form* in die eigene Sprache einbezog, um so über das kleine Fremde z.B. der chinesischen Sprache das große Fremde des Absoluten dahinter zumindest spürbar zu machen. Daher der Bezug auf die Form.

Nun zwingt uns das Chinesische, selbst diese Form von Sinn abhängig zu machen. Im Lateinischen waren wir Schüler gewohnt, wenn nichts mehr verfing und der Text sich nicht entschlüsseln lassen wollte, uns an den gleichen Endungen zu orientieren, also ein *–o-* einem *–o-*, ein *–a-* einem *–a-*, ein *–ibus-* einem *–is-* oder *–ibus-* zuzuordnen. D. h. es war möglich, dem Sinn über die Form beizukommen.

Im Chinesischen, vor allem im klassischen Chinesisch jedoch ist es, überspitzt formuliert, erst möglich, die grammatischen Formen eines chinesischen Satzes zu bestimmen, wenn ich ihm einen Sinn zugewiesen, wenn ich ihm (westliche) Struktur(vorstellung)en, eingelesen habe. Ich muß etwas verstehen, um z. B. bestimmen zu können, welche Wortart in diesem oder jenem Teil des Satzes vorliegt.

Ein Beispiel: Kapitel 27 des Buches *Zhuangzi* beginnt mit der Beschrei-bung der Zhuangzi'schen Tropen, also der speziellen uneigentlichen oder sagen wir es noch allgemeiner: literarisch-metaphorischen Sageweise, die im Buch selbst angelegt ist. Der Text lautet:

寓言十九，重言十七，卮言日出

Diese als Merkvers erkennbare Stelle ist nicht formal und unter Vernachlässigung des Sinnes zu übersetzen, weil erst der Sinn oder besser eine Sinngebung überhaupt erlaubt zu entscheiden, womit wir es zu tun haben: Sind *shijiu, shiqi* als *neunzehn* oder *siebzehn* zu lesen oder als Verhältnis 10:9, 10:7, heißt es richtiger *neun von zehn* und *sieben von zehn*, oder ist es sogar negativ zu lesen und es ist die Rede von den 10% bzw. 30%, die das Verhältnis 10:9 und 10:7 implizit anklingen lassen? Oder etwa alles zusammen? Ist *richu* nach Guo

Xiang, dem erste *Zhuangzi*-Interpreten, als 'täglich neu in Erscheinung treten' zu verstehen, *ri* also im Deutschen als eine Art Zeitadverb zu lesen, oder heißt *richu*: die Sonne kommt heraus und muß *ri* also im Deutschen als Substantiv verstanden werden?

Es gibt keine Möglichkeit, diese Textstelle interlinear und die Syntax nachahmend zu übersetzen.

Ein weiteres, viel einfacheres Beispiel: In dem kleinen Satzausschnitt *māo shàng zǎo* 猫上蚤 ist ohne weiteren Textzusammenhang, also *Sinn*, nicht auszumachen, ob *shang* Verb oder Präposition ist, der Ausdruck also lautet: *Floh auf der Katze* oder die *Katze steigt auf den Floh*.

Wir sind also, nehmen wir die These von Franke ernst, mit der Tatsache konfrontiert, daß unsere sämtlichen übersetzungstheoretischen Raumachsen keinen Raum mehr aufspannen: es gibt keine Wörtlichkeit und damit steht auch die Freiheit zur Disposition; und eine anti-illusionistische Übersetzung scheitert an den Gegebenheiten der chinesischen Sprache.

Es bleibt also nur die Illusion, es in der Übersetzung mit einem Original oder einem Nicht-Original zu tun zu haben.

Nun werden Sie mit Recht ungeduldig werden und mit noch mehr Recht einwenden: Aber wir übersetzen doch, wir kommunizieren doch, schriftlich, mündlich, zwischen den Kulturen, zwischen einzelnen Menschen, auch und gerade jetzt im Augenblick. Also geht es doch. Oder soll es eine Illusion sein, daß Sie mich verstehen?

Vom Gedanken des absoluten Verstehens her gesehen, verstehen Sie wenig von dem, was ich sage, da meine Perspektive auf das, was ich Ihnen heute mitteile, eine völlig andere sein muß als die Ihre. Aber es ist andererseits nicht zu leugnen, daß Sie etwas verstehen, daß wir uns verständigen, im Deutschen, und auch wenn wir mit unseren chinesischen Kollegen und Kommilitonen sprechen, und sprechend oder schriftlich übersetzen.

Hier komme ich auf die bereits angesprochene Frage nach dem Status einer solchen Illusion zurück, nach ihrer Beschreibung. Zunächst kann man sagen, daß eine gewisse Ungenauigkeit, Abstraktheit oder Allgemeinheit der Sprache dazu führt, daß Sie mich verstehen. Würde ich meine Gedanken in einer absolut subjektiven Weise ausdrücken (können oder wollen), sie würden mich nicht verstehen. Viele vor allem moderne Lyriker haben das versucht – wenn ich in Formulierungen spräche wie: *Ein Knirschen von eisernen Schuhn ist im Kirschbaum*, Sie würden mich vermutlich nicht recht verstehen.

Aber die Sprache als System (*langue*) ist nicht subjektiv, wir finden sie vor. Wenn wir sprechen, spricht sie auch uns. Ihre Ungenauigkeit oder Allgemeinheit begründet ihre Verständlichkeit. Denn natürlich gibt es auch bei Übersetzungen aus dem Chinesischen Bedeutungsschnittpunkte – wie ja der Ausdruck *Hund* auch ein Tier mit vier Beinen bezeichnet und damit mit *gou* doch auch korrespondiert. Andererseits sind diese Schnittpunkte nicht präzise, und sie sind rückbezogen auf den jeweiligen Wortfeldkontext, in den sie zerlaufen, sie sind ungenau, und sie kehren in den eigenen Sprachzusammenhang so schnell und so weitgehend zurück, daß von Äquivalenz sinnvoll kaum gesprochen werden kann. Man muß sich nur vor Augen halten, daß bei dem schieren Wort *Hund* manchem chinesischen Feinschmecker das Wasser im Munde zusammenlaufen kann, um zu wissen, was ich meine. Und je komplexer die Sprachzusammenhänge werden, um so deutlicher wird diese Tendenz.

Wir sind wieder bei der schon angesprochenen Frage vom Status der Übersetzung, dieser unmöglichen Möglichkeit, dieser Praxis der Unmöglichen. Um dieses auch terminologische Dilemma zu beheben, wie die real existierende Übersetzung und der Übersetzungsvorgang zu fassen sei, habe ich an anderer Stelle vor einigen Jahren bereits vorgeschlagen für diesen Vorgang, für diese gängige Praxis des Unmöglichen einen Begriff aus der Musik zu entlehnen: den der ENHARMONISCHEN VERWECHSLUNG.

Ich verstehe in diesem Zusammenhang, es klang schon an, Übersetzung als den Sonderfall eines Vergleichs, einen Vergleich, von Kulturen oder von Vokabeln. Damit nähern wir uns der Frage nach der Übersetzung von einer weiteren Seite.

Übersetzung als Enharmonische Verwechslung

Was ist ein Vergleich?
"**Vergleich**, allgem. jede Form, durch die zwei oder mehrere Phänomene miteinander in Beziehung gesetzt, aneinander gemessen werden. Als rhetor. Sinnfigur, die im Gegenüber von Bild und Gegenbild die Anschaulichkeit erhöhen, eine verdeutlichende Analogie herstellen soll. Konstitutiv sind Vergleichspartikel (wie) und das ausgesprochene oder unausgesprochene tertium comparationis, der Vergleichs- oder Berührungspunkt zwischen den beiden Analogiesphären: sie hat Haare (strahlend = tert. comp.) wie Gold [...]"[17]

Hierbei kommt dem *tertium comparationis* eine bedeutende Rolle zu, es ist sozusagen der Dreh- und Angelpunkt des Vergleiches. Wenn das aber stimmt, hinge unsere Frage nach der Übersetzung, von der Frage ab, ob für beide beteiligten Seiten, das Chinesische also und das Deutsche, ein *tertium comparationis* gefunden werden kann. Nach dem, was wir bisher allerdings gesehen haben, müßte dies ein *tertium comparationis* sein, das unabhängig von der jeweiligen „Analogiesphäre" wäre, also nicht zu der einen oder anderen Sprachsphäre hinzugehörte. Im konkreten Fall des Deutschen und Chinesischen ist dies nicht gelungen. Sollte es generell unmöglich sein? Und was wäre die Folge davon?

---

[17] *Metzler Literaturlexikon*, Stuttgart 1990.

Das Andere und das Ganz Andere
Daß ein chinesischer Text etwas anders ist als ein deutscher ist augenfällig. Er ist fremd. Die Schriftzeichen sind fremd, die Sprache ist fremd, der ganze Code, mit allen inhaltlichen wie formalen Ebenen ist fremd.

Was aber hat es mit dieser Bezeichnung der Fremdheit oder auch der Unvergleichlichkeit auf sich? Sie ist das Resultat eines Vergleichs. Eines Vergleichs mit dem Bekannten, dem Eigenen. Das Fremde ist immer das dem Eigenen fremde. Das Fremde ist immer des Fremde des Eigenen. Somit denunziert der Begriff des Fremden also am nachhaltigsten das, was er benennen will. Das Fremde kann somit beschrieben werden als Grenzfall des Eigenen, die Unvergleichbarkeit als Grenzfall der Vergleichbarkeit. Das Fremde wird somit nur erfahrbar als Eigenes. Im Falle Pounds hatten wir das bereits gesehen.

Welchen Wert hat dann die Begegnung mit dem Fremden?
Welchen Wert hat dann die Begegnung mit dem Fremden? Nach dem Gesagten wäre sie nichts anderes als eine ständige Wiederholung des Eigenen, eine eher langweilige Angelegenheit und vor allem die Mühe nicht wert. Doch dem ist nicht ganz so. Denn das Eigene okkupiert nicht nur in der gesehenen Weise das Fremde, sondern das Fremde oder Verglichene wirkt auch zurück auf das vergleichende Eigene. Wenn z. B. Beziehungen hergestellt werden – wie dies immer wieder getan wurde und wird – zwischen dem westlichen Imagismus, der Menglong-Lyrik und der klassischen chinesischen Lyrik, wird dieser Vergleich auch zurückwirken: Ein Blick auf die Lyrik z. B. Li Shangyins wird ein anderer, der auch immer schon eine imagistische und moderne Tendenz in der Lyrik Lis erkennt. Und umgekehrt – Pounds Lyrik bekommt auch Färbung ins klassische Chinesisch.

Zusammengefaßt zu einer These hieße das: Das Vergleichende okkupiert also das Fremde, das seinerseits das Eigene in seiner Identität erweiternd auflöst – kurz: Die Begegnung mit dem Fremden ist die Herausforderung zu einer selbstvergleichenden Neuordnung und Neudefinition des Eigenen unter Bezug auf ein Fremdes, das als Grenzbereich des Eigenen herüberscheint.

Das tertium comparationis als Enharmonische Verwechslung
Und damit wäre ich schon bei meiner These zu der Frage nach dem Status der Übersetzung: Im Vergleich der Übersetzung gehen das Deutsche und Chinesische nicht im eigentlichen Sinn, etwa im Sinn einer Synthese, aufeinander zu, sondern entwickeln sich in eine im Unendlichen sich begegnende Richtung von sich selbst hinweg, um sich dann vielleicht im ewigen Anders-Sein als das gerade Eigene, in der ewigen Differenz von sich selbst als dem unfaßbaren *tertium comparationis* zu treffen.

Für dieses Umgehen mit einem eigentlich nicht verfügbaren Vergleichsglied, das auf einer Verwechslung des Eigenen mit dem Fremden beruht, das nichtsdestotrotz aber in der Lage ist, wenn auch nur als Schein oder ästhetische Erscheinung, uns die Verständigung zu ermöglichen, die wir so bitter brauchen, für dieses seltsame Umgehen, das eigentlich Getrenntes zusammendenkt, möchte ich einen Begriff aus der Musik entleihen und es bezeichnen als *Enharmonische Verwechslung*.

Von einer *Enharmonischen Verwechslung* spricht man bei Instrumenten, die wohltemperiert gestimmt sind, wie etwa unsere Klaviere – wohltemperiert heißt dabei, daß die Erniedrigung eines Tones, also etwa *a* zu *as*, identisch gestimmt wird zur Erhöhung des nächsttieferen Tons, hier als *g* zu *gis*. In der wohltemperierten Stimmung sind *gis* und *as* identisch, es ist die gleiche schwarze Taste.

In Wirklichkeit aber sind *gis* und *as* zwei verschiedene Töne. Streichinstrumente sind z.B. in der Regel nicht wohltemperiert gestimmt, unterscheiden also zwischen *as* und *gis*. Will nun ein Streichinstrument mit einem Klavier zusammenspielen, muß es wohltemperiert umgestimmt werden, um so zu tun, als seien as und gis das gleiche, und um so Zusammenspielen zu können. Die Parallele ist exakt, sowohl innerhalb des Systems als auch bei der Verbindung zweier unterschiedlicher Systeme.

Anfremdung statt Aneignung –
Ein neuer Maßstab für eine Anti-Illusionistische Übersetzung

Nun könnte man sich damit zufrieden geben und zur Tagesordnung übergehen: Wir stimmen unsere eigene Sprache wie auch unsere Übersetzungssprachen wohltemperiert, wir tun so, als sei da kein gravierender Unterschied und geben uns der Harmonie der Enharmonischen Verwechslung hin.

Die von Strukturalismus sehr klar beschriebenen Schritte der Übersetzung können befolgt werden, was uns **Chinesisch vorkommt, nehmen wir für das Chinesische**, damit Harmonie herrscht in unserer Praxis des Unmöglichen. Und was unsere eigene Sprache, unseren eigenen Originale angeht, auch da geben wir uns mit einer Wohltemperierten Stimmung zufrieden. Wir wissen, da gibt es einen Spalt zwischen Sprache und Wirklichkeit, was, um beim Bild zu bleiben, in der Wirklichkeit zwei Töne sind, ist in der Sprache einer, oder, was in der ‚Wirklichkeit' eins ist, wird in die Sprache getrennt. Das könnte man. Aber man befände sich immerhin auf einer anderen Ebene, auf einer Meta- oder modernen Ebene des Problems. Dies würde in der Konsequenz zu einer Sprechweise führen, die sich selbst aufhebt, die nichts mehr sagt, oder alles sagt, um nichts Unverantwortbares zu sagen, nichts mehr zu sagen, was trennt, was verwertbar ist, was sich als Begründung für diese Tat und jene Untat heranziehen läßt, nichts mehr, das einen Vorwand liefert. Das letzte Ziel des großen Werkes ist nunmehr das Sprechen ohne zu Sprechen.

Nach dem Gehörten wird es Sie nun nicht mehr verwundern, wenn wir genau dies auch als Quintessenz der Zhuangzischen Tropenlehre und Sprachkritik im

Zhuangzi selbst formulieren finden. Seine Sprache gilt schon den Kompilatoren des Werks als, wie es Watson übersetzt: "odd and outlandish"[18]. Er spricht, wir hatten die Stelle bereits, in *zhiyan*, in *Krugworten* – ein Begriff, der dieses anvisierte Sprechen in Nicht-Worten, das Sprechen ohne zu sprechen, das Derrida durch Parenthesen anzudeuten versucht, bereits in sich vollzieht. Denn *Krugworte* schließen ihr eigenes Gegenteil in sich ein, sie sagen auf ihrer Stelle alles und nichts, denn *Krugworte*, das sind Worte, die aus Krügen kommen, Worte, die Krüge sind und schließlich Worte über Krüge. Das ist Großes Sprechen. Und diese Outlandishness, die die Fremdheit des Eigenen und die Eigenheit des Fremden nicht aus den Augen läßt, schlage ich als neue Maßstab vor für die Übersetzung aus dem Chinesischen. Anders gesagt: **Als Maßstab für eine Übersetzung könnte dienen, inwieweit sich ein Original dieser Fremdheit des Eigenen stellt und sich ihrer bewußt wird. Anstatt von einer Aneignung des Anderen wäre von einer Anfremdung zu sprechen.** Auch hier wird die Übersetzung keine direkten Äquivalente schaffen, denn auch das Fremde des Fremden ist dem Fremden des Eigenen nicht deckungsgleich, aber es schafft eine Annäherung in der Demut des Unmöglichen.

Bewußt habe ich zum Schluß ein so moralisch besetztes Wort wie Demut in die Diskussion eingebracht, denn an dieser Stelle grenzt die Diskussion der Übersetzung direkt an Fragen der Ethik. Denn worauf wir aufgefordert sind uns einzulassen, gegen eine Globalisierung des Machbaren, ist diese Praxis des Unmöglichen: "Denn wenn [in diesem Sinn] zwischen zwei Sprachen übersetzt wird", so sagt der französische Philosoph Emmanuel Levinas, "dann liegt schon eine *Orientierung* vor, die, anstatt das Übersetzen zwischen zwei Sprachen als etwas 'Barbarisches ... zu erklären', das Sprechen dem Kriege vorzieht."[19] "Es handelt sich dabei um eine im Rahmen von Übersetzungstheorien im besonderen und Sprachtheorien im allgemeinen wenig beachtete 'Orientierung', die den Zentrismus und den Kolonialismus eines Ego – und *einer* Kultur – aus ihrer Verankerung reißt."[20]

Herzlichen Dank für Ihre Aufmerksamkeit!

---

[18] Burton Watson, *The Complete works of Chuang Tzu*, Columbia Univ. Press 1968, S. 373.
[19] Levinas zit. nach Alfred Hirsch, "Die geschuldete Übersetzung. Von der ethischen Grundlosigkeit des Übersetzens", in: dergl. (Hg.), *Übersetzung und Dekonstruktion*, Frankfurt/Main, 1997, S. 418.
[20] Ebd.

Der literarische Übersetzungsprozess zwischen den Kulturpolen Deutschland und China

Martin Woesler

1. Literarische Übersetzung

Die Übersetzung von Fachtexten ist eine handwerkliche Technik, vergleichbar der realitätsabbildenden Malerei, mit dem Ziel, den beschriebenen Gegenstand möglichst verständlich in der Zielsprache wiedererstehen zu lassen. Die Übersetzung von Literatur[1] ist von ganz anderer Qualität, da hier zwar das Beherrschen des Handwerkszeugs Voraussetzung ist, der eigentliche Gegenstand aber der Text selbst ist. Bei Sach- und Fachtexten dient die Sprache als Medium der Informationsübermittlung, die zufällig schriftlich fixiert ist und durch ihre Schriftlichkeit an Literatur erinnert. Selbst bei Sekundärtexten aus dem literaturwissenschaftlichen Bereich handelt es sich um Fachtexte, die sich mit textgewordener handwerklicher Sprache mit ihrem Gegenstand, dem literarischen Text, beschäftigen.

Das Übersetzen von Literatur ist somit im Unterschied zum Übersetzen von gegenstandsbeschreibenden oder metasprachlichen Sach- und Fachtexten ein Übersetzen des direkten Gegenstandes der künstlerischen Bemühung. D.h. das Ziel ist nicht, einem der Literatur fremden Gegenstand mit dem textgewordenen Werkzeug Sprache gerecht zu werden, sondern mit dem zu schaffenden Kunstobjekt *Literatur in der Zielsprache* dem Kunstobjekt *Literatur in der Ausgangssprache* gerecht zu werden (vgl. Abb. 1a und 1b). Dies ist ein künstlerischer, kein handwerklicher Anspruch.

Diesem Anspruch kann man nicht durch wortwörtliches Übersetzen von Fachbegriffen und auch nicht allein mit dem Herstellen situationsadäquater Sinnstrukturen gerecht werden, vielmehr muss das Kunstwerk neu erschaffen werden, um in der Zielsprache eine adäquate Wirkung zu erzielen.

Abb. 1a: Literatur als Instrument der Rezeption bei Fach- und Sachtexten

---

[1] Mit Literatur bezeichne ich hier 'schriftlich fixierter Text mit künstlerischem Anspruch', im Gegensatz zum Sach- oder Fachtext, der Informationen zumeist in konventionalisierten Formen ('Textart') schriftlich fixiert.

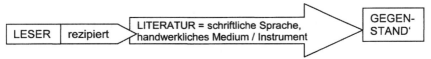

Abb. 1b: Literatur als Instrument der Rezeption bei Fach- und Sachtexten mit dem Ziel Gegenstand ≅ Gegenstand'

Die Wiederholung gleicher Begriffe und Sätze ist z. B. bei der Übersetzung eines Computerhandbuchs sinnvoll, da sie das Verständnis fördert, man könnte sogar zunächst ein Übersetzungsprogramm ein Glossar abarbeiten lassen. Repetition wird in der mündlichen Rede als rhetorisches Mittel der Verstärkung eingesetzt. Bei literarischen Texten können Wiederholungen dagegen langweilig wirken.

Es fehlt bei der Literatur sowohl die Metaebene eines Fachtextes über Literatur wie auch die Werkzeugfunktion der Sprache, so dass der literarische Übersetzungsprozess dichter am Schöpfungsprozess ist. Dies erfordert ebenfalls schöpferische Kreativität. Einige Übersetzer sind als Dichter bekannter, denken wir nur an Guo Moruo, dessen Faust-Übersetzung zu den Klassikern gehört.[2]

Wie gut eine literarische Übersetzung ist, sieht man daran, ob die Übersetzung eine dem Original entsprechende Wirkung erzielt. Dass dies auch, wie beim Original, eine tragische Wirkung sein kann, zeigt etwa die Selbstmordwelle nach der chinesischen Übersetzung der *Leiden des jungen Werthers*.

Man kann bei den zu übersetzenden Sinneinheiten zwischen bis zu drei Aspekten unterscheiden: sprachlicher Ausdruck, Bild und kulturelle Assoziation. Der Übersetzer versucht nun während des Übersetzungsprozesses, eine Entsprechung zu finden, die möglichst viel dieser drei Aspekte berücksichtigt. Eine 100%ige Entsprechung für alle drei Elemente zu finden, ist umso schwieriger, je weiter die Sprachen linguistisch und kulturell voneinander differieren. Häufig kann so ein völlig anderes Bild oder ein anderer Ausdruck in einer anderen Kultur eine vergleichbare Wirkung erzielen. Dabei kann "活动变人形 Huódòng biàn rénxíng" (Das Verwandlungsbilderbuch) im Deutschen eben auch als „Rare Gabe Torheit" erscheinen, wenn es sich dabei um einen Romantitel handelt, weil sich beide Titel aus dem Inhalt ergeben,

---

[2] Goethe übersetzte vier chinesische Gedichte nach. Goethe übte geduldig chinesische Schriftzeichen und versuchte sich auch an Zweit-Übersetzungen klassischer chinesischer Gedichte, so in seinen ersten vier Übersetzungen "Chinesisches" aus der Anthologie *Neue Gedichte auf die Bilder hundert schöner Frauen* 1788. 1824 erschien die steife und fehlerhafte englische Übersetzung, im Frühjahr 1827 Goethes deutsche im schnörkelhaften Stil des Rokoko. Viele Dichter, die sich zwischen zwei Kulturen bewegen, werden ja auch in ihrem Schaffen davon beeinflusst, wie z. B. Brecht.

wobei der Hinweis auf das Kinderspiel[3] die Erwartungshaltung des deutschen Lesers in eine falsche Richtung führen würde.

Wird die Literatur zum Gegenstand des künstlerischen Schaffens, so liegt ihr eigentlicher Gegenstand nicht mehr in den beschriebenen Handlungen und Ereignissen, sondern in der vom Autor intendierten Wirkung auf den Leser. So kommt zur kognitiven Komponente (Textebene) eine wertende (Wirkungsabsicht/Autorintention) hinzu.

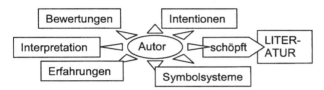

Abb. 2a: Literatur als Kunst / Ergebnis schöpferischer Produktion

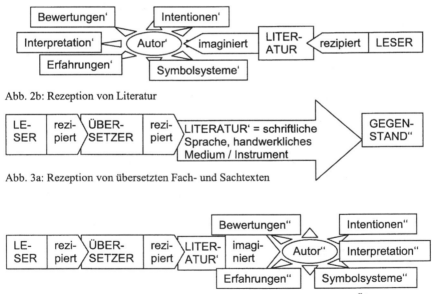

Abb. 2b: Rezeption von Literatur

Abb. 3a: Rezeption von übersetzten Fach- und Sachtexten

Abb. 3b: Rezeption übersetzter Literatur: Der Leser als "2. Leser" nach dem Übersetzer

---

[3] Das Verwandlungsbilderbuch ist ein weltweit verbreitetes Kinderspiel, bei dem meist Ober-, Mittel- und Unterteile von Figuren ausgetauscht werden können.

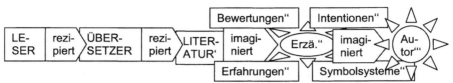

Abb. 4: Variante: Rezeption von übersetzter *fiktionaler* Literatur, am prominentesten mit der Rolle der Erzählerfigur

Für die historisch orientierte Literaturwissenschaft spiegelt Literatur Vergangenheit, Gesellschaft und Kultur wider, sie dokumentiert Lebensmotivation und Interpretationsmuster von Wirklichkeit. Der Leser erwartet, neben dem Stoff eine Interpretation des Autors zu erfahren. Der Rezeptionsprozess ist also ein Gedankenfluss, der ein wahres Feuerwerk an Assoziationen zu den eigenen Erfahrungen, Einstellungen, Emotionen etc. beim Leser auslöst, insbesondere gleicht der Leser sein Selbstbild ständig mit den geschilderten Figuren, in einem fortwährenden Prozess von Identifikation, Kritik bis Ablehnung ab.

Bei übersetzten Texten tritt in der Lesererwartung zur kognitiven Komponente *des Interesses am behandelten Stoff* die kognitive Komponente, *etwas über die Kultur des Autors zu erfahren*, hinzu. Das Erkennen der wertenden Komponente ist je nach Kenntnisstand des Lesers über die Fremdkultur ebenfalls Bestandteil der Lesererwartung. Ein übersetzter Text wächst werkseitig durch geschichtliche Interpretation an Bedeutung, leserseitig durch eigenkulturelle und fremdkulturelle Rezeption.[4]

Der Leser schaut beim Lesen wie durch eine Anordnung von Linsen auf die Lebenswirklichkeit des Autors (vgl. Abb. 2a, 2b, 3a, 3b, 4): Eine Linse ist die mögliche *Fiktionalität* eines Textes, besonders ausgeprägt bei Glossen oder Sagen, auch bei der in der 2. Hälfte des 20. Jahrhunderts in China verbreiteten anspielungsreichen Literatur, in der sich die eigentliche Sinnebene erst zwischen den Zeilen ergibt. Eine weitere Linse kann eine *Erzählerfigur* sein, so erscheinen Ereignisse, wenn sie im Verlauf eines Romans aus der Sicht zweier Figuren geschildert werden, zuweilen gänzlich unterschiedlich. Eine originelle Variante der Erzählerfigur ist in unserem Zusammenhang der songzeitliche Kao Tai von Herbert Rosendorfer, der über das München des 20. Jahrhunderts *Briefe in die chinesische Vergangenheit*[5] schreibt, oder Leuninger von Wang Shan, der

---

[4] Hans-Christoph Graf v. Nayhauss, *Literaturdidaktik - Wissenschaft zwischen Literaturwissenschaft und Pädagogik* [Manuskript], zitiert nach: Zhang Guosheng, "Widerspiegelungen der Zeit und Mentalität - Zur Bedeutung des Literaturunterrichts im Germanistikstudium", in: *Literaturstraße 5* (Würzburg 2004), S. 291-298, hier S. 292, im folgenden: Zhang 2004.
[5] Herbert Rosendorfer, *Briefe in die chinesische Vergangenheit*, Nymphenburger Verlagshandlung, München 1983, Taschenbuch: dtv 1986.

als deutscher Soziologe ungestraft ein reformkritisches Sachbuch[6] über China schreiben kann, und dabei doch nur ein Pseudonym für den Autor ist, der die Rolle des Übersetzers vorgibt.

Eine weitere Linse ist die Interpretation des Übersetzers, die sich in der Rezeption des Ausgangstextes und in der Produktion des Zieltextes manifestiert.

Gelegentlich gesellt sich noch eine weitere Linse hinzu, etwa wenn Übersetzer nicht den chinesischen Ausgangstext, sondern eine Übersetzung weiter übersetzen, am prominentesten sind die Übersetzungen chinesischer Literatur durch Franz Kuhn, die aus dem Deutschen in 17 weitere Sprachen übersetzt wurden.[7]

Noch eine Linse ist sicherlich die Rezeptionshaltung des Lesers, der z.B. Klischees bestätigt finden möchte oder aufnahmebereit für Neues ist, der nach kulturellen Gemeinsamkeiten oder Unterschieden sucht.

Dennoch scheint es für den menschlichen Geist kein Problem zu sein, durch eine solche Anordnung von Linsen Einblick in Selbstverständnis, Wirklichkeitsrezeption und -bewältigung, Vergangenheitsbewältigung, Mentalität und Wertvorstellungen eines Autors und seiner Kultur und seiner Zeit zu gewinnen.

2. Kulturpole

Wenn ich von zwei Kulturpolen spreche, etwa einem chinesischen und einem europäischen, hier beschränkt auf das Deutsche, so nicht mit dem Anspruch, die deutsche und chinesische Kultur seien innerhalb der Weltgemeinschaft der Kulturen am weitesten voneinander entfernt. Vielmehr ist es im Übersetzungsprozess zunächst erforderlich, die beiden Kulturen für sich zu betrachten. Diese beiden bilden zwei Pole, da sie aus voneinander beinahe vollständig unabhängigen Traditionen schöpfen und sich auch unabhängig entwickelt haben. Das Chinesische ist dem Deutschen eben nicht nur der Sprache nach fremd wie schon das Finnische, sondern eben auch Ausdruck einer fremden Kultur, während die finnische Kultur der deutschen näher steht (vgl. Abb. 5).

---

[6] L. 洛伊宁格尔 L. Luòyīnìnggéěr (L. Leuninger [i.e. 王山 Wáng Shān]), 第三只 眼睛看中国 Dì-sān zhī yǎnjing kàn Zhōngguó (China aus der Sicht eines Dritten, Übers. Wang Shan), 西安 Xī'ān: 陕西人民出版社 Shǎnxī rénmín chūbǎnshè (Volksverlag Shanxi) 1994.

[7] Ulrich Kautz: "Derf denn der das? - Franz Kuhn, Bahnbrecher der chinesischen Literatur in Deutschland, im Widerstreit der Meinungen", Vortrag 14.1.2003, in: Rainer Kohlmayer / Wolfgang Pöckl (Hrsg.), *Literarisches und mediales Übersetzen. Aufsätze zu Theorie und Praxis einer gelehrten Kunst*, Frankfurt/M. usw.: Peter Lang, 2004, S. 133-145; vgl. auch Kuhn, Hatto (unter Mitarbeit von Martin Gimm): *Dr. Franz Kuhn (1884 - 1961). Lebensbeschreibung und Bibliographie seiner Werke*, Wiesbaden (Franz Steiner) 1980.

Der Begriff "Pol" erscheint mir für Kulturvergleiche auch deshalb besser geeignet als das Begriffsfeld des *Interkulturellen*, da Denken immer nur innerhalb der eigenen Kultur möglich ist, nicht zwischen Kulturen (auch wenn der Eurozentrismus sich häufig für universalistisch hält). Selbst der Vergleich geht nach Luhmann auf kulturbeeinflusstes System- und Unterscheidungsdenken zurück.[8]

Die so unterschiedliche deutsche und chinesische Kultur bauen jedoch auf anthropologischen und evolutionären Gemeinsamkeiten bzw. Parallelen und auch sich weitgehend entsprechenden kulturellen Werten auf.[9]

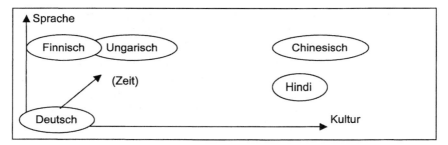

Abb. 5: Das Deutsche und das Chinesische sind sich sowohl von der Sprachverwandtschaft als auch von der Kultur her sehr fremd,[10] bei der Übersetzung klassischer oder vormoderner Texte kommt zusätzlich eine epochale Differenz hinzu, bei gebundenen Texten der formale Anspruch. Dies führt zu größerer Distanz und bringt entsprechende Hürden für den Übersetzungsprozess mit sich.

Bei Permutter (1965)[11] und Yoshikawa (1982)[12] werden Kulturen noch als getrennte Kreise verstanden (vgl. Abb. 6).

---

[8] Niklas Luhmann ist Vertreter der Systemtheorie, siehe Luhmann: *Soziale Systeme*, 1984; ders.: *Ökologische Kommunikation. Kann die moderne Gesellschaft sich auf die ökologische Gefährdung einstellen?*, 1986; ders.: *Die Kunst der Gesellschaft*, 1995.
[9] Damit wende ich mich gegen die bisher vorherrschende Betrachtung von Kulturen als separierte Einheiten, siehe z.B. unten Yoshikawa 1982 etc.
[10] Vgl. Andreas Guder, Chinesisch und der europäische Referenzrahmen - Einige Beobachtungen zur Erreichbarkeit fremdsprachlicher Kompetenz(en) im Chinesischen, in: *CHUN* 20/2005, S. 83-98.
[11] Howard Permutter: "L'entreprise internationale - Trois conceptions", in: *Revue Economique et Sociale* (Mai 1965) 151-165.
[12] Muneo Yoshikawa 1982, zitiert nach der Übersetzung aus dem Japanischen ins Englische Yoshikawa Muneo, "The Double-Swing Model of Intercultural Communication between the East and the West", in: Kincaid L. ed., *Communication Theory: Eastern and Western Perspectives*, New York: Academic Press, 319-329. Vgl. auch: Sigrun Caspary, Kazuma Matoba (Hrsg.), *Transkultureller Dialog*, metropolis Marburg 2000 [Sammlung von Aufsätzen im 'postmortalen' Dialog mit Jörg Hogen, der die kulturellen Unterschiede

| Ethnozentrisch | Wissenschaftlich | Dialektisch | Dialogisch |

Abb. 6: Modelle interkultureller Kommunikation bei Yoshikawa.

Die Pole bewegen sich jedoch nicht entropisch auseinander, sondern sind schon von ihrem Wesen her verbunden: Tatsächlich sind die anthropologisch und geophysisch bedingten Gemeinsamkeiten zwischen Kulturen größer als die arbiträr ausgeformten und überwindbaren Unterschiede [13] (vgl. Abb. 7). In Achsenzeiten wie in der Gegenwart wechseln die Subjekte zwischen Kulturen und gehören so verschiedenen Kulturen an, bringen die Pole näher zusammen. Im Zeitalter der Informationsgesellschaft mit Reisefreiheit, Internet, international vernetzter Zusammenarbeit, Globalisierung und dem Herausbilden einer Weltkultur sind die kognitiven Voraussetzungen für eine gleichberechtigte interkulturelle Kommunikation gegeben.

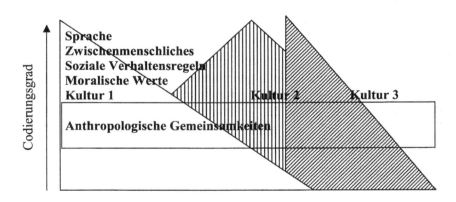

Abb. 7: Kulturen basieren auf anthropologischen Gemeinsamkeiten und kulturellen Entsprechungen, Parallelen, (Halb-)Lückeneinheiten und Gegensätzen.

Deutschland / Japan problematisiert und systematisiert hat. Vgl. Jörg Hogen: *Entwicklung interkultureller Kompetenz*, metropolis Marburg 1998.]
[13] Für Vergleiche etwa zwischen der chinesischen und westlichen kulturellen Entwicklung anhand des "key principle"-Ansatzes vgl. z. B. C.R. Hallpike, *The Principles of Social Evolution*, Oxford: Clarendon, 1986, 288-328.

3. Kompetenzen des Übersetzers

Vor diesem Hintergrund von Kulturen zeigt sich, über welche Kompetenzen der Übersetzer verfügen sollte. Von diesen möchte auch der Leser der Übersetzung profitieren:

- Integrative Kompetenz (Einfühlungsvermögen in den Autor, Toleranzgrad für Fremdkultur, z.B. Technik, ein Urteil zurückzuhalten; einfühlsame Grundhaltung)
- Kognitive Kompetenz (Kenntnisgrad des Kulturstandard-Systems der Fremdkultur)
- Kommunikative Kompetenz (Beherrschungsgrad der Mutter- bzw. Trägersprache incl. außersprachlicher Kommunikationsformen)
- Kontrastive und selektive Kompetenz (Fähigkeit, Unterschiede zu erkennen und den sprachlichen Ausdruck in Bereichen, in denen es Unterschiede gibt (Lücken- und Halblücken-Sinneinheiten), im Übersetzungsprozess anzupassen)
- Situationskompetenz (es nützt nichts, wenn man das Hintergrundwissen für zunächst fremd wirkende Elemente besitzt, man muss sie auch situationsadäquat umsetzen, in seltenen Fällen dient die bewusste Beschreibung fremder Kulturstandards dem Übersetzungsziel)
- Selbstdisziplin und Loyalität gegenüber dem Autor (Zurückstellen eigener Interessen hinter die Autorintention)

Während der hermeneutisch interessierte Übersetzer dem Leser die Ausgangskultur möglichst korrekt erschließen möchte (vgl. Abb. 8),[14] geht der exotisierende Übersetzer von einem exotischen Bild der Ausgangskultur aus, betont bei der Übersetzung Unterschiede und Unverständliches und zeichnet so mit demselben Ausgangstext ein völlig anderes Bild der Ausgangskultur vor dem geistigen Auge des Lesers (vgl. Abb. 9).

---

[14] Ausgangs-Kultur ≅ Ausgangs-Kultur'.

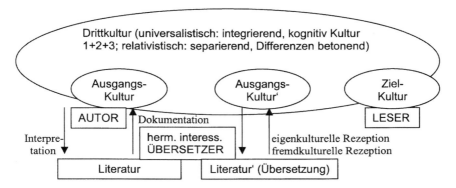

Abb. 8: Der hermeneutisch interessierte Übersetzer strebt an: Ausgangs-Kultur ≅ Ausgangs-Kultur'. Durch den interkulturellen Vermittlungsprozess entsteht eine Drittkultur.[15]

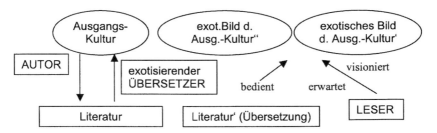

Abb. 9: Der exotisierende Übersetzer bedient affirmativ vorhandene falsche Vorstellungen, betont das Fremde und Fremdartige, verzichtet auf Erläuterungen, um Unverständnis und Exotismus zu fördern (Ausgangs-Kultur ≠ Ausgangs-Kultur'', aber: exotisches Bild der Ausgangs-Kultur' ≅ exotisches Leserbild der Ausgangs-Kultur')

---

[15] Zur Drittkultur: Casmir, Fred L., (Hrsg.), *Intercultural and international communication*, Washington D.C. University Press of America 1978 und weitere Titel des Autors ["Third Culture" im Sinne des Entstehens neuer Kulturelemente beim Aufeinandertreffen zweier Kulturen.].

3.1 Berücksichtigung des Wandels des Chinabildes

China wurde bis zur Mitte des 17. Jahrhunderts in Europa durch das idealisierte chinesische Staats- und Philosophiemodell Voltaires, durch den Import fremdartiger Kleinkunstobjekte insbesondere durch den sprunghaft anwachsenden Überseehandel von Kanton aus und durch die verklärenden jesuitischen Beschreibungen, die ihre Mission in China erhalten wollten, exotisch rezipiert. Das Chinabild änderte sich, wie an Vorfällen sichtbar wurde, wie der Verbannung der Dominikaner aus China, da sie die Ahnenverehrung abschaffen wollten, oder dem sogenannten Ritenstreit, da sich die Europäer nicht vor dem chinesischen Kaiser niederwerfen wollten.

Mit der wachsenden Kolonialisierungsabsicht im Zuge des Imperialismus wurde China als rückständig gezeichnet. Bis zur Mitte des 20. Jahrhunderts erschienen mehr und mehr Übersetzungen der chinesischen philosophischen Klassiker in Deutschland, so dass der Nährboden für Exotik wieder gelegt war, den einzelne Übersetzer wie Franz Kuhn nutzten, indem er etwa die Personennamen im *Traum der Roten Kammer* und in anderen großen chinesischen Romane der Bedeutung nach übersetzte (Schwarzjade, Blaujuwel), was im Deutschen blumig klingt. Rainer Schwarz entschied sich in seiner Übersetzung dieses Werkes[16] für eine lautliche Transkription [17] der chinesischen Namen, was aufgrund der Personenfülle für den Leser nur durch Nachschlagen in einem beigefügten Stammbaum nachzuvollziehen ist.

3.2 Die Wahl der Textfassung

Der hermeneutisch interessierte Übersetzer kann sich bei seinen Entscheidungen zum Ziel setzen, der Autorintention auch in der Fremdkultur möglichst nahe zu kommen. Was aber, wenn es mehrere Fassungen gibt, die schon in der Eigenkultur des Autors unterschiedliche Wirkung hatten? In den meisten Fällen werden bedeutende Werke der chinesischen Literatur von einem Übersetzer in Abstimmung mit einem Verlag übersetzt. So ist in einigen Fällen die Wahl der Fassung des chinesischen Ausgangstextes eine wichtige Entscheidung, etwa wenn Florian Reissinger die *Familie* von Ba Jin übersetzt: Soll man nun die Originalfassung mit schonungslos offenen Beschreibungen, wie der des Füßebindens, wählen, oder die von Ba Jin selbst in den 1960er Jahren zensierte

---

[16] Cao Xueqin: *Die Geschichte vom Stein oder Der Traum der Roten Kammer*, Bearb. Gao E, Übers. Bd. 1 und 2 Rainer Schwarz, Bd. 3 Martin Woesler, Bochum: Europäischer Universitätsverlag 2006-2007.

[17] Er wählte jedoch nicht die sich international durchsetzende Pinyin-Transkription, die sich an der englischen Aussprache orientiert, sondern eine genauere Phonemumschrift, die der Aussprachegewohnheit des in der Regel sinologisch ungebildeten deutschen Lesers näherkommt.

und bis heute erhältliche Fassung (Ausgabe letzter Hand), in der solche Stellen eliminiert sind? Reissinger entschied sich für die unzensierte Original-Fassung.[18]

Ähnliche Entscheidungen für unzensierte oder zensierte Fassungen sind auch für Übersetzer aus der deutschen Kultur zu treffen, etwa im Falle der anspielungsreichen Literatur der DDR, in der sich zwischen den Zeilen eine weitere Sinnebene ergeben kann. Anspielungen sind wie in den 1980er Jahren in der DDR auch in der chinesischen Literatur das Salz in der Suppe, und der Übersetzer muss die Kunst des „Zwischen-den-Zeilen-Lesens" beherrschen und darf dies für seine Übersetzung auch vom Leser erwarten, vielleicht weniger von einem durchschnittlichen Leser der Gegenwart, als vom mit Anspielungen erfahreneren DDR-Leser etwa der 1980er Jahre.

Bei kanonisierten Texten, deren Fassungen eigene Schulen begründeten, etwa das 80-Kapitel-Fragment der *Geschichte vom Stein* („Ausgabe letzter Hand") und die durch intensive Rezeption zum Kulturgut gewordene 120-Kapitel-Fassung des *Traums der Roten Kammer*, standen die Übersetzer ebenfalls vor der Wahl: Sollte man die damals als authentischer geltende 80-Kapitel-Fassung der 120-Kapitel-Fassung vorziehen und damit die Handlungsstränge offen lassen? Kuhn entschied sich, sicherlich auch aufgrund der strengen Umfangsauflagen seines Verlegers, für die Übersetzung der 80-Kapitel-Fassung mit einer Zusammenführung der Handlungsstränge durch eine geraffte Zusammenfassung der letzten 40 Kapitel auf wenigen Seiten. Da der Leser nur durch die Linse des Übersetzers schauen kann, muss letzterer die Implikationen der Wahl der Ausgangstextfassung bedenken.

3.3 Die sprachlichen Mittel

Der Autor erreicht seine Intention durch den sprachlichen Ausdruck, durch verwendete Bilder und Assoziationen, die, soweit sie nicht der allgemeinmenschlichen Erfahrung entstammen, kulturspezifisch sind. Der Übersetzer muss alle Elemente erkennen, somit ein Experte der Fremdkultur sein, und dann entsprechende Elemente in der Eigenkultur wählen, in der er ebenfalls stilsicher sein muss. Dass der Übersetzer den Text nicht vollständig so versteht wie der Autor und dass die sprachlichen Mittel begrenzt sind, ist kein Verrat am Ausgangstext, sondern gehört zu den Bedingtheiten einer Übersetzung, wie auch

---

[18] Ba Jin, *Die Familie*. Übers. Florian Reissinger. Berlin: Oberbaum, 1980, nach der chinesischen Originalfassung 巴金 Bā Jīn, 家 *Jiā*, 開明書局 Kāimíng shūjú, 上海 Shànghǎi 1937, 31. Auflage März 1949. Die zensierte Fassung ist im 人民文学出版社 Rénmín wénxué chūbǎnshè, 北京 Běijīng 1978 erschienen. Noch weitergehendere Änderungen durch Selbstzensur als bei der *Familie* hat Ba Jin an zahlreichen anderen Texten seiner 1958-1962 erschienenen 14bändigen Werke durchgeführt, in denen er z. B. alle anarchistischen Gedanken eliminierte.

das Original ja den Autor meist nicht vollständig zufriedenstellt. Die Übersetzerleistung ist eine angeleitete Neuschöpfung, sie erfordert ebensoviel Kreativität wie der Schöpfungsakt des Autors und darüberhinaus noch interkulturelle Kompetenz.

Robert L. Kohls[19] hat Kultur als Eisberg beschrieben, wobei nur eine kleine Spitze des Sichtbaren einer Kultur aus dem Wasser ragt (Literatur, Musik, Kunst, Küche, Sprache, religiöse Praxis, Theater, Spiele, Verhalten, Kleidung), der Hauptteil der Kultur aber unsichtbar bleibt (Traditionen, religiöses Empfinden, Mentalität, Bescheidenheit, Kindererziehung, Freundschaftsnatur, Muster der untergeordneten - übergeordneten Beziehungen, Distanzverhalten und Platzierung im Raum, Konflikt- und Problemlösungs-Ansätze, Entscheidungsfindungs-Prozesse in der Gruppe, Führung, Gerechtigkeits-Konzept, und das Umgehen mit Emotionen). Ähnlich werden im geschriebenen Text zwar Kulturelemente benannt und auf sie verwiesen, Tiefe und Bedeutung gewinnt der Text aber erst, wenn die Elemente in einen Sinnzusammenhang eingebettet werden.

3.4 Linguistische Aspekte

Um eine Sinneinheit im Chinesischen in eine entsprechende Sinneinheit im Deutschen oder umgekehrt zu übertragen, ist der Übersetzungsprozess je nach Grad der kulturellen Entsprechung bzw. Differenz der Ausgangs- und Ziel-Sinneinheit unterschiedlich komplex.

Am einfachsten sind

1. *Entsprechungen,*[20] bei denen in beiden Kulturen einem Signifié in der ontologischen Welt ein Signifiant zugeordnet ist (Mensch, Hand, Wasser, Sonne, schnell etc., aber auch Ausdrücke wie "Durch Mark und Bein gehen", die sowohl im Deutschen wie im Chinesischen, Japanischen und Koreanischen existieren); komplexer sind

2. die *Parallelen,* die ähnlich konnotiert, aber unterschiedlich denotiert sind, wie der "König der Tiere", der im Deutschen der Löwe und im Chinesischen der Tiger ist. Noch komplexer sind

---

[19] Robert L. Kohls, *Models for contrasting and comparing cultures*, 1977; ders., *Developing Intercultural Awareness: A Learning Module Complete With Lesson Plan, Content, Exercises and Handouts*, 1981, Society of Inter Cultural Education.

[20] Die Einteilungen folgen: 关世杰 Guān Shìjié, 跨文化交流学 Kuà wénhuà jiāoliú xué, 北京大学出版社 Běijīng Dàxué chūbǎnshè 1995, S. 233. Im Gegensatz zu Guan beschränke ich seine Einteilung jedoch nicht auf Wörter, sondern auf Sinneinheiten, um z. B. Sprichwörter, feststehende Redewendungen und Zitate zu erfassen.

3. stärker kulturgeprägte *Lückeneinheiten* wie 单位 *dānwèi* (im Chinesischen eine meist staatseigene Arbeits- bzw. Dienststelle mit Arbeitsplatzgarantie und Übernahme von Wohn-, Gesundheits- und Rentenkosten; oder 为人民服务 *wèi rénmín fúwù* wörtlich "dem Volk dienen" - sozialistisches Motto).
4. *Halb-Lückeneinheiten* wie z.b. Farben, die auf der eigentlichen Bedeutungsebene Entsprechungen besitzen (z.b. "rot"), auf der uneigentlichen bzw. symbolischen Ebene (z.b. "Leben, Liebe, Wärme, Leidenschaft") jedoch Abweichungen (im Chinesischen auch noch z.B. "Festlichkeit, Ehre, Glück").[21]
5. Es gibt auch noch *gegensätzliche* Sinneinheiten, die im Übersetzungsprozess bekannten "falschen Freunde", die uns hier nicht auf orthographisch-etymologischer, sondern auf Konnotationsebene begegnen, so z.B. der Drache,[22] der den höchsten Rang in der chinesischen Tiersymbolik einnimmt, früher den Kaisern, den sogenannten Drachensöhnen, vorbehalten war, sich noch in Sprichwörtern wie 望子成龙 *wàngzǐchénglóng* (Hoffen, dass die Kinder zu Drachen werden) findet, im Deutschen aber negativer konnotiert ist (Archetypen wie der Jungfrauenraub oder der Drachentöter, oder die Metapher *Drache* für eine Frau).[23]

Als Ausweg aus dem Dilemma, dass für die vielen Informationen einer Sinneinheit in der Ausgangssprache nicht immer eine ebenso kurze, treffende und prägnante Sinneinheit in der Zielsprache zu finden ist, hat Ulrich Kautz erfolgreich die Methode unauffällig paraphrasierender Implantate zur Erweiterung des Hintergrundwissens der Leser entwickelt und eingesetzt. Beispiel aus einem Text von Deng Youmei:[24]

---

[21] Zu Farben im Deutschen und Chinesischen vergleiche: Yanqian Fan, *Farbnomenklatur im Deutschen und Chinesischen: eine kontrastive Analyse unter psycholinguistischen, semantischen und kulturellen Aspekten*, Frankfurt a.M., Lang 1996.
[22] Vgl. Martin Woesler: "Parallelen und Unterschiede zwischen chinesischer und deutscher Literatur I. Einflüsse und Abgrenzungen", *Mitteilungsblatt der Deutschen China-Gesellschaft*, 45 (2003) Heft 2, S. 26-31.
[23] Auch hier gibt es Kontexte, in denen diese gegensätzlich konnotierte Sinneinheit ähnlich konnotiert ist, etwa der Ausdruck "Hausdrache" oder die Verniedlichung des Drachens in Kindergeschichten (z. B. *Die unendliche Geschichte*).
[24] Für dieses Beispiel bedanke ich mich bei Ulrich Kautz. 邓友梅 Dèng Yǒuméi, 京城内外 *Jīngchéng nèiwài*, 北京 Běijīng 人民文学出版社 Rénmín wénxué chūbǎnshè, S. 39-40; Deng Youmei, *Phönixkinder und Drachenenkel. Bilder aus dem alten Peking*, übers. Ulrich Kautz, Berlin: Aufbau Verlag 1990, S. 299-300. Weitere Beispiele benannte Kautz auf seinen Vorträgen in: *Forum LiteraturÜbersetzen GErmersheim (FLÜGE)*, Sommersemester 1999; Deutsche China-Gesellschaft e.V., Köln 12.1.2006.

雇三轮车吧。三轮要一袋面当车钱，他舍不得。等他下狠心花一袋面时，路又不通了。急得他直拍着大腿唱《文昭关》。唱了两天头发倒是没白，可得了重感冒。接着又拉痢疾。大车店掌柜心眼好，给他吃偏方，喝香灰，烧纸，送鬼，过了一个多月才能下地，瘦得成了人灯。他那一袋面早已吃净。剩了一袋给掌柜作房钱。掌柜的给他烙了两张饼送他上路。就这么点路，他走了三天才到永定门。

Dokumentarische Übersetzung:

> Ein Dreirad mieten! Der Dreiradfahrer verlangte einen Sack Mehl als Wagenmiete, er brachte es nicht übers Herz. Als er widerstrebend bereit war, einen Sack Mehl auszugeben, war der Weg wiederum nicht durchlässig. Er war so erregt, dass er sich auf die Schenkel schlug und „Der Wenzhao-Paß" sang. Als er zwei Tage gesungen hatte, war das Haar zwar nicht weiß, aber er bekam eine schwere Erkältung. Dann kriegte er noch die Ruhr. Der Wirt der Absteige hatte ein gutes Herz, er gab ihm Hausmittel zu essen und Weihrauchasche zu trinken, er verbrannte Papier und trieb Geister aus. Als ein Monat vergangen war, konnte er erst wieder aufstehen, mager wie ein menschlicher Lampendocht. Sein Sack Mehl war längst aufgegessen. Den verbleibenden Sack gab er dem Wirt als Zimmermiete. Der Wirt röstete ihm zwei Fladen und brachte ihn auf den Weg. Selbst einen so kurzen Weg lief er drei Tage, ehe er am Yongding-Tor ankam.

Instrumentelle (funktionsadäquate) Übersetzung unter Verwendung eines Implantats zur Erläuterung der Sage über Wu Zixu:

> Dann wollte er eine Fahrradriksha mieten, doch der Rikschafahrer verlangte einen Sack Mehl als Fuhrlohn und davor scheute er zurück. Als er sich endlich doch dazu durchgerungen hatte, war die Straße nicht mehr passierbar. Jetzt erging es ihm also wie Wu Zixu, dem Helden der Oper „Der Wenzhao-Paß". Dem fiel auch kein Ausweg ein, so daß er vor lauter Sorge über Nacht schlohweiße Haare kriegte, was sich aber als seine Rettung erweisen sollte, denn so konnte er am nächsten Morgen unerkannt die feindliche Postenkette passieren. Nach zwei Tagen fruchtlosen Wartens in der Herberge hatte Na Wu zwar keine weißen Haare, dafür aber eine schwere Erkältung. Obendrein kriegte er noch die Ruhr. Der Wirt, ein gutmütiger Mann, kurierte Na Wu mit allerlei Hausmittelchen, ließ ihn aufgelöste Asche von Weihrauchstäbchen trinken, verbrannte Opfergeld und veranstaltete Teufelsaustreibungen. Dennoch dauerte es über einen Monat, ehe Na Wu - zum Skelett abgemagert - wieder aufstehen konnte. Einer von den beiden Säcken Mehl war inzwischen aufgezehrt, den anderen überließ er dem Wirt als Zimmermiete. Der Wirt röstete ihm noch zwei Mehlfladen und brachte ihn auf den Weg zur Stadt. Trotz der kurzen Entfernung brauchte er geschlagene drei Tage, ehe er am Yongding-Tor ankam.

3.4 Besondere Schwierigkeiten bei der Übersetzung aus dem Chinesischen ins Deutsche

Da im Chinesischen mit 413 Phonemkombinationen nur ein Bruchteil der im Deutschen möglichen zur Verfügung stehen, klingen lautmalerische Ausdrücke im Chinesischen für deutsche Ohren seltsam plump:[25] „汪 wāng" statt im Deutschen „Wau" und „Wuff", „喔喔喔 wōwōwō" statt 'kikeriki' wie im Deutschen und Tschechischen, vgl. "kokekoko" im Japanischen, „cocorico" im Französischen, „cook-a-doodle-doo" im Englischen, "kuckeliku" im Schwedischen.

Gleichzeitig ist das Chinesische aufgrund der Silben- und Zeichenstruktur und der fehlenden Flexion wesentlich akzentuierter rhythmisch und lädt schon aufgrund der zahlreichen Homophonien und des tonalen Systems zum Spiel mit den Tönen ein. Vor allem bei vormodernen Gedichten sind die ursprünglichen Liedmelodien verlorengegangen und die Tonfolgen der rekonstruierten damals gesprochenen Sprache sind kaum adäquat mit den nicht-tonalen und weniger rhythmischen Möglichkeiten im Deutschen wiederzugeben, zumal gereimte Gedichte im Deutschen heutzutage sehr leicht antiquiert wirken. Da es aber auf die Wirkung ankommt, weichen viele Übersetzer auf die ungebundene Sprache aus. Volker Klöpsch hat nachgewiesen, dass gebundene Übersetzungen vormoderner chinesischer Gedichte ihren ungebundenen jüngeren Geschwisterübersetzungen in der Übersetzungsqualität dennoch nicht nachstehen, da für die gebundenen Übersetzungen mehr Aufwand geleistet wird.[26]

Die Kürze chinesischer Wörter stellt wie bei der Übersetzung aus dem Englischen ins Deutsche insbesondere bei Liedtexten ein kaum lösbares Problem dar. Hier kann man nur Verkürzungen vornehmen oder z.B. aus einer zwei Strophen machen.

Metaphern im Chinesischen haben in der Regel andere Bedeutungen als im Deutschen, insbesondere werden im Chinesischen häufiger als im Deutschen Symbole, Zeichen, Zitate und Anspielungen eingesetzt, um Assoziationen zu anderen Gedichten, geschichtlichen Ereignissen oder Personen herzustellen.

3.5 Besondere Schwierigkeiten bei der Übersetzung aus dem Deutschen ins Chinesische

Metaphern haben eine völlig andere Tradition, und die Tradition ist nicht mitübersetzbar. So hat etwa Heinrich Heines Bärenfamilie in "Atta Troll. Ein Som-

---

[25] Die größere Anzahl der Phoneme bei deutschen Interjektionen und Onomatopoetika hat nachgewiesen: Chaiqin Yang, *Interjektionen und Onomatopoetika im Sprachvergleich: Deutsch versus Chinesisch* [Diss. Universität Freiburg 2001].

[26] Volker Klöpsch: "Der Übersetzer als Verräter? Wider die Mär von der Unübersetzbarkeit chinesischer Dichtung", in: *Mitteilungsblatt der Deutschen China-Gesellschaft* 47 (2004) Heft 2, S. 19-28.

mernachtstraum" vier weibliche Junge, Heine benennt sie, weil sie noch nicht gedeckt worden sind, mit der von ihm erfundenen Metapher "vierfüßige Lilien" ("lis à quatre pats"). Diese Metapher wirkt im Deutschen wie im Französischen, da Lilien in der europäischen Tradition *Reinheit im sittlich-religiösen Bereich* symbolisieren.[27]

Auch die Übersetzung des Verses "Schwarze Milch der Frühe" aus der *Todesfuge* von Paul Celan ins Chinesische[28] müsste mit einem umfangreichen unauffällig paraphrasierenden Implantat "die von der Asche der Vergasten dunkel gefärbte Milch" zur Erweiterung des Hintergrundwissens des chinesischen Lesers oder zugunsten der formalen Kürze im Gedicht mit einer Erläuterung übersetzt werden, zumal der Holocaust-Hintergrund in China weniger bekannt und die Nazizeit weniger kritisch gesehen wird.

Am schwersten wiederzugeben sind Sprachspielereien:

Arnfried Astel	安福利德・阿斯特尔
Grabmal - Denkmal	墓碑——纪念碑
Grab mal den unbekannten Soldaten aus denk mal[29]	挖出 无名的士兵 想一想。

河筏 译

①德文 Grabmal(墓碑)可折成 Grab mal, 意为"挖一下"; Denkmal (纪念碑)可折开成 Denk mal, 意为"想一想"。

---

[27] Ein Implantat könnte lauten "unschuldige Lilien auf vier Pfoten", auch im Deutschen wäre inzwischen eine weitergehende Erläuterung notwendig, da sich ähnlich wie bei Nelken ein Bedeutungswandel hin zu Trauerblumen vollzogen hat. Weitergehend könnte man auf die unterschiedliche Tradition des Blumen-Pflückens und -Verschenkens im chinesischen und abendländischen Kulturkreis hinweisen. Im Chinesischen hat sich übrigens die Assoziationen ausschließende lautliche Übersetzung von "Atta Troll" als 《阿塔特洛尔》 *Ātǎ Tèluòěr* durchgesetzt.

[28] 《死亡赋格曲》 *Sǐwángfù gēqǔ*. 钱春绮 Qián Chūnqǐ übersetzt den Vers kommentarlos mit " 清晨的黑牛奶 *Qīngchén de hēi niúnǎi*", vgl. http://www.dx.pte.sh.cn/XSLY/xingqu/shige/guowai/guowai026.htm, ohne etwa zu erläutern oder auch nur ansatzweise zu implementieren, dass sich die Asche der Vergasten auf die Milch legt, was für den chinesischen Leser noch schwerer zu erraten ist als für den deutschen.

[29] Deutsche Fassung: Programmheft des Lyrikertreffens Münster 1981, Wiederabdruck in der zweisprachigen Ausgabe: *Schwarze Sonnen. Gegenwartslyrik der deutschsprachigen Länder*, hrsg. v. Winfried Woesler, Lü Yuan, Übers. Feng Guoqing, Liu Huaxin, Peking: Arbeiterverlag 1990, S. 11 (chin.), S. 12 (dt.). Hier hat man sich also für eine Bedeutungsübertragung entschieden, den Sprachwitz in einer Fußnote erläutert.

3.6 Unterschiede bei der Übersetzung klassischer und moderner chinesischer Dichtung

Die Interpretationsvielfalt vormoderner chinesischer Gedichte erwächst auf der Motivebene, indem man Bilder allegorisch als Ausdruck von unerfüllter Sehnsucht, Naturzustand oder z. B. Entsagen von Amtspflichten deuten kann. Die Interpretationsvielfalt wächst exponentiell mit der Reduktion der Zeichenzahl. Im Deutschen Entsprechungen zu finden, die eine ähnliche Interpretationsvielfalt zulassen, ist kaum möglich. Moderne chinesische Lyrik ist dagegen ungebundener in der Sprache, näher an der Umgangssprache (baihua), verwendet mehr Zeichen, wird somit eindeutiger in der Aussage, kommt größtenteils mit ein oder zwei Bedeutungsebenen aus, weist Verwestlichungstendenzen auf, und ist deshalb leichter übersetzbar.

Die autobiographische Interpretationsebene war in der vormodernen chinesischen Lyrik üblicherweise erst in der zweiten oder dritten Bedeutungsebene angesiedelt. Erst etwa mit Guo Moruos *Himmelshund* kann man in der modernen chinesischen Lyrik vom *lyrischen Ich*, so wie wir es als mit dem Autor identisches Ich in der westlichen Lyrik kennen, sprechen. In der Republikliteratur wurden die ganz persönlichen, subjektiven Erfahrungen stärker zum literarischen Thema, und zu Beginn der Volksrepublik wurden diese stärker in den Dienst der ideologischen Sache gestellt, bis sie in den 1980er Jahren in der städtischen Literatur und in heute etablierten selbstbewusst-weiblichen Lebensbeschreibungen wiederauflebten.[30]

Auch die von verschiedenen Rezipienten als "hermetische Schule" (朦胧派 Ménglóng pài) bezeichnete Lyrik ist in der Klarheit ihrer Aussage leichter übersetzbar. Während bei der klassischen und vormodernen Dichtung jedoch verschiedene Textsinne je nach Deutungsmuster (unerfüllte Liebe, Einsiedelei etc.) jederzeit herzustellen sind, erschließt sich bei hermetischen Gedichten oft zunächst noch nicht einmal ein erster Textsinn, als Prosa gelesen scheinen hermetische Gedichte oft keinen Sinn zu machen. Der eigentliche Sinn wird erst klar, wenn man die autoreneigene Bildmotivik kennt, evtl. den kulturellen und zeithistorischen Hintergrund sowie die Biographie des Autors. Der Übersetzer kann hier die klare vordergründige Textaussage übertragen und überantwortet die Interpretation, was der Autor mit der so zunächst unverständlich beschriebenen Welt meint, dem Leser und wird so der hermetischen Autorintention gerecht.

---

[30] Z.B. 衛慧 Wèi Huì: 上海寶貝 *Shànghǎi bǎobèi* (Shanghai Baby), z.B. 天地圖書公司 Tiāndì túshū gōngsī (Cosmos Press), 香港 Xiānggǎng (Hongkong) 2000, dt. Übers. Karin Hasselblatt, Ullstein 2005, 319 S.

4. Übersetzungsproblem: Unterschätzen der Bedeutung von Kulturkompetenz

In den 1970er Jahren hatte man die Literatur in der Fremdsprachendidaktik zugunsten der mündlichen Kommunikationsfähigkeit vernachlässigt. Ein erneuter Trend zum Pragmatismus ist derzeit sowohl im Germanistikstudium in China zu beobachten wie im Sinologiestudium in Deutschland. In China werden die curricularen Schwerpunkte auf berufsorientierte Fächer wie "Wirtschaftsdeutsch", "Deutsch für Tourismus" und "Deutsch für den Geschäftsverkehr" verlagert.[31] Literatur wird als "zu schwierig", "wenig nützlich" und "altmodisch" bezeichnet.[32] In Deutschland leiden die Geisteswissenschaften allgemein und innerhalb der Sinologie die Literatur am Kostendruck und der Hinwendung zur Praxis mit der Reform der BA und MA-Studiengänge – und Übersetzen und Dolmetschen ist nach wie vor eine brotlose Kunst.

Kubin beklagt 1991,

> Der durchschnittliche deutsche Übersetzer chinesischer Literatur geht unvorbereitet ans Werk. Er ist weder als Übersetzer geschult, noch bringt er etwas an Erfahrung mit. Selbst einer wohlmeinenden Kritik zeigt er sich in der Regel verschlossen, denn das Ziel, nicht falsch übersetzt zu haben, scheint ihm, sofern erreicht, das einzige und oberste Gebot.[33]

Zu Beginn des 21. Jahrhunderts scheint jedoch die kulturelle Einbettung der Übersetzung wieder bewusster wahrgenommen zu werden:

5. Trend: Die Globalisierung vereinfacht das Übersetzen

Aufgrund der Überlappung des Erlebnishorizontes durch Reisen und globale mediale Erlebnisse, wie z.B. Tragödien wie des Tsunamis in Südostasien, oder Hollywood-Filme, die auch in China bekannt sind, ist Literatur heutzutage leichter übersetzbar.

Teilen Übersetzer und vielleicht sogar Leser die Erfahrungen des Autors, etwa die Juniereignisse 1989 oder die Entfremdung durch die Anonymisierung der Verstädterung, so verringert sich der kulturelle Abstand.[34]

---

[31] Zhang 2004, S. 295-296.
[32] Huang Xueyuan, "Einsatz literarischer Texte für das Hörverstehen im universitären DaF-Unterricht in China", in: Zhang Guosheng, Yang Guangzheng (Hrsg.), *Fremdsprachenunterricht in Theorie und Praxis - Berichte aus China*, Marburg 2003, S. 52.
[33] Wolfgang Kubin, "Übersetzen und Selbsterkenntnis. Unmaßgebliche Bemerkungen zur chinesischen Literatur in deutscher Sprache", in: *minima sinica* 1991/1, S. 123-131, hier S. 129.
[34] Dass Gāo Xíngjiàn 高行健 den Literatur-Nobelpreis erhalten konnte, war sicherlich erst durch den sowohl in China wie im Westen bekannten zeitgeschichtlichen Hintergrund des

Insbesondere der Nachholbedarf chinesischer Intellektueller seit etwa 1917, die sich zunächst selbst Nationalliteraturen aussuchten und das übersetzten, was gerade greifbar war, dann aber auch die persönliche Auslandserfahrung dieser Intellektuellen während ihres Studiums, die in ihre Werke einfloss, machten sie zu Übersetzern besonderer Art, zu *Kultur-Übersetzern*. Ähnliches mag in der anderen Richtung für frühe Übersetzer wie Franz Kuhn gelten.

Edward Hall (*Beyond culture*) ordnete 1976 die chinesische Kultur den "high-context cultures" zu und die deutsche den "low-context cultures". Während die Menschheitsgeschichte weltweit von einer verstärkten Codierung (Dokumentation, Digitalisierung, Informationsaustausch, Übersetzung etc.) geprägt ist, die seit der Modernisierung, der Industrialisierung und seit Einführung der doppelten Buchführung zu einer Übercodierung der modernen Industriegesellschaften geworden ist,[35] ist gleichzeitig zur Jahrtausendwende der Trend zu beobachten, dass sich die high-context cultures[36] zu low-context cultures entwickeln.

Es bleibt festzuhalten, dass die Annäherung der Erfahrungshorizonte und Lebenswelten der Autoren, Übersetzer und fremdkulturellen Leser die intersubjektive Nachvollziehbarkeit beim Rezeptionsprozess von Übersetzer und Leser stärkt. Für den Übersetzer reduziert sich somit in der heutigen Zeit der Aufwand für die Einbettung nicht textimmanenten Kontextes.

Romans 灵山 *Língshān* (Der Berg der Seele) möglich. *Der Berg der Seele*, S. Fischer Verlag, Frankfurt am Main, 2001.
[35] Hombach, Dieter, *Die Drift der Erkenntnis. Zur Theorie selbstmodifizierter Systeme bei Gödel, Hegel und Freud*, München: Raben Verlag von Wittern, o. J., S. 97-101.
[36] Edward T. Hall, *Beyond Culture*, 1977. Hall vertritt die These, dass asiatische Gesellschaften nur mit hoher interkultureller Kompetenz zu verstehen seien. Er ordnet einige asiatische Gesellschaften den "high-context cultures" zu, westliche entwickelte Industrienationen den "low-context cultures".

Yan Fus Übersetzungskriterien 信 *xin*, 达 *da* und 雅 *ya*

Katrin Buchta

Mit seiner Forderung, eine Übersetzung habe zuverlässig / originalgetreu 信 *xin*, treffend 达 *da* und elegant 雅 *ya* zu sein, prägte Yan Fu 严复(1853-1921) drei Schlagworte für die Übersetzungskritik/-theorie, die noch heute häufig angeführt werden.

Schlägt man ein chinesisches Übersetzungslehrbuch auf, findet man in der Einleitung, meist unter der Überschrift 翻译的标准 (Kriterien der Übersetzung), Yan Fu und seine Übersetzungskriterien *xin, da, ya*. Zum Beispiel heißt es im Lehrbuch 高级翻译教程:

> Von den von Yan Fu Ende des 19. Jahrhunderts aufgestellten Kriterien *xin, da, ya*, über Lu Xun's *xin* 信, *shun* 顺, bis hin zu den heute allgemein anerkannten Prinzipien *zhongshi* 忠实 [(original)treu], *tongshun* 通顺 [fließend, verständlich], sind sich die Kriterien für eine Übersetzung im großen und ganzen ähnlich.
>
> *Xin* und *zhongshi* fordern von der Übersetzung Treue zum Original, Verfälschungen darf es nicht geben. Die Übersetzung sollte nicht nur korrekt den Sinn des Originals wiedergeben, sondern auch den Stil des Originals bewahren. *Da* und *tongshun* bedeuten, dass die Übersetzung verständlich und flüssig sein muss. Sie muss sprachlichen Normen entsprechen und darf dem Leser nicht das Gefühl geben, dass es sich um eine Übersetzung handelt.
>
> Was nun Yan Fus *ya* betrifft, so hat historisch betrachtet, jeder Übersetzer sein eigenes Verständnis davon. Bis heute gibt es keine einheitliche Auffassung zu *ya*. Deshalb können wir nur sehr schwer anhand des ungenau definierten *ya* die Qualität einer Übersetzung beurteilen.[1]

Im Folgenden soll gezeigt werden, wie Yan Fu selbst *xin, da, ya* verstand, und dass seine Kriterien, trotz aller Kritik vor allem am Kriterium der Eleganz und an Yan Fus eigener Übersetzungspraxis, Gültigkeit in ihrem historischen und soziokulturellen Kontext hat. Außerdem gilt es die Frage zu beantworten, wie seine Übersetzungen anhand dieser Kriterien zu beurteilen sind. Welche Rolle *xin, da, ya* in der chinesischen Übersetzungstheorie seit Yan Fu spielten/spielen, soll hier nicht Gegenstand sein.[2]

---

[1] Sun Wanbiao, Wang Enming, *Gaoji fanyi jiaocheng*, Shanghai 2000, S.2 f.
[2] Siehe dazu Xie, Sitan; *Pour un horizon de la traductologie comparée sino-occidentale*; Paris 2000.

Yan Fu, geboren 1853 in Fuzhou, besuchte nach klassischer Erziehung von 1867-71 die Marineakademie Fuzhou. Hier kam er erstmals mit westlichen Wissenschaften in Berührung und die englische Sprache, die er erlernte, sollte ihm später einen Zugang zu westlichen Ideen und westlichem Denken verschaffen. 1877 wurde er für zwei Jahre zum Studium nach England geschickt. Er studierte Mathematik, Physik und Navigation und verbrachte viel Zeit damit, die britische Gesellschaft und das britische politische System zu studieren. Nach seiner Rückkehr nach China durch seine Ausbildung ohne Karrieremöglichkeiten, mehrfach an den Beamtenprüfungen gescheitert, begann er mit dem Schreiben und Übersetzen, um den Ursachen für Chinas Rückständigkeit nachzugehen und Wege zur Überwindung dieser Rückständigkeit aufzuzeigen. Seine Übersetzungen philosophischer und soziologischer Texte von Mill, Montesquieu, Smith und Spencer sollten die Gründe für Wohlstand und Stärke des Westens und Modelle für Chinas Entwicklung aufzeigen In seinen letzten Lebensjahren wurde Yan Fus Haltung immer konservativer, die Verbindung zu Yuan Shikai (seine Rolle bei dessen Restaurationsversuch) schadete ihm nachhaltig, so dass er sich mehr uns mehr aus dem öffentlichen Leben zurückzog. Er starb 1921.[3]

Yan Fus Theorie dient der Rechtfertigung der eigenen Arbeit und erläutert einzelne Übersetzungsprobleme: Die Theorie zum Übersetzen folgte aus der Praxis als deren Begründung. Als Übersetzungstheorie können diese Bemerkungen zum Übersetzen nicht bezeichnet werden, da Yan Fu das Übersetzen nicht als spezifische Sprachverwendung theoretisch auffasst und wissenschaftlich beschreibt.

Wenn hier trotzdem von Theorien zur Übersetzung die Rede ist, werden damit Anmerkungen zum Übersetzen und Darstellungen von allgemein gefassten Grundprinzipien bezeichnet.

Lu Xun (1881-1936) fasste in einem Brief an Qu Qiubai die klassischen chinesischen Auffassungen zum Übersetzen zusammen und machte gleichzeitig die Ursprünge von Yan Fus *xin, da, ya* deutlich.

> 他的翻译,实在是汉唐译经历史的缩图。中国之译佛经,汉末质直,他没有取法。六朝真是"达"而"雅"了,他的《天演论》的模范就在此。唐则以"信"为主,粗粗一看,简直是不能懂的,这就仿佛他后来的译书。[4]

---

[3] Zu Yan Fus Leben und Wirken siehe Benjamin Schwartz; *In Search of Wealth and Power: Yen Fu and the West*, Cambridge 1964 und Wang Shi, *Yan Fu zhuan*, Shanghai 1976.
[4] Lu Xun, *Gei Qu Qiubai de huixin*, in: *Fanyi yanjiu lunwenji* (1894-1949), Peking 1984, S. 224.

Yan Fus Übersetzungen sind eine Zusammenfassung der Geschichte der Übersetzung buddhistischer Texte von der Han- bis zur Tang-Zeit. Die Übersetzung buddhistischer Texte in China war zum Ende der Han-Zeit gekennzeichnet durch **Wörtlichkeit**, was Yan Fu nicht als Modell nahm. Während der Zeit der sechs Dynastien waren **Verständlichkeit** und **Eleganz** die Übersetzungsprinzipien, worauf sich Yan Fus Übersetzung von *Evolution and Ethics* gründet. In der Tang-Zeit war es die Originaltreue... was sich in seinen späteren Übersetzungen findet.

Übersetzen hat in China eine sehr lange Geschichte. Laut dem *Zhouli* 周礼 und dem *Liji* 礼记 gab es bereits in der Zhou-Zeit ein Institut für auswärtige Angelegenheiten mit Dolmetschern und Übersetzern.[5] Aber erst mit der Einführung des Buddhismus in China und der Übersetzung buddhistischer Texte ins Chinesische begann eine theoretische Beschäftigung mit dem Übersetzen. Die Dichotomie von Treue und Freiheit, wörtlicher und sinngemäßer Übersetzung, zieht sich auch in China durch die Literatur zur Übersetzung. *Xin, da, ya* waren bereits vor Yan Fu existierende Übersetzungskonzepte (wenn auch nicht immer mit genau diesen Begriffen bezeichnet). So finden sich beispielsweise bereits bei Zhi Qian (tätig 223-253) die drei Schriftzeichen, die später Yan Fus Kriterien bilden sollten – *xin, da, ya*.

Zhi Qian, dem die früheste datierbare Erörterung zur Übersetzung zugeschrieben wird (法句经序), bestand darauf, den Inhalt der Sutras elegant und lesbar wiederzugeben, manchmal auch auf Kosten der Genauigkeit. Bei ihm findet sich ein Zitat Laozi's "Schöne Worte sind nicht verlässlich, verlässliche Worte sind nicht schön." 美言不信，信言不美。[6] Die alte ästhetische Kontroverse zwischen Schönheit und Wahrheit. Ein weiteres Beispiel ist die Auffassung Kumarajivas (344-413). Er vertrat die Meinung, dass eine Übersetzung nie den Geschmack des Originals haben sollte, das sei wie jemanden mit bereits durchgekautem Essen zu füttern. Er befürwortete nicht die Treue zum Original, sondern eine Auswahl und Kürzung des Textes, wichtig sei die Hauptaussage.[7]

Dass Yan Fu sich für frühere Übersetzungsmethoden interessierte, wird u.a. in einem Brief an Zhang Yuanji, vor der Gründung eines Übersetzungsinstitutes, deutlich:

仿照晋唐人译佛经办法。[8]

Die Methoden der Übersetzer buddhistischer Schriften während der Jin- und Tang-Zeit imitieren.

---

[5] Ma Zuyi, *Zhongguo fanyi jianshi*, Peking 1998, S. 2.
[6] Chen Fukang, Zhongguo yixue lilun shigao, Shanghai 2005, S. 6.
[7] Ebd., S 15 ff.
[8] Zitiert nach: Xie, Sitan; Pour un horizon de la traductologie comparée sino-occidentale; Paris 2000, S. 35.

Trotz der eindeutigen Bezüge zu frühen Übersetzungstheorien kann man Yan Fus *xin, da, ya* nicht als Kopie dieser ansehen. Sicher ist, dass die Übersetzung buddhistischer Texte ihm Anhaltspunkte für die Formulierung seiner Übersetzungskriterien geliefert hat. Sein Verdienst bestand darin, diese Konzepte in seiner drei Schriftzeichen-Theorie zu präzisieren. Der Vorwurf seine Theorie habe westliche Ursprünge – er habe Alexander F. Tytler's *Essays on the Principles of Translation* (1791)[9] gekannt und abgeschrieben, scheint trotz eindeutiger Parallelen nicht haltbar: Es gibt keine Anhaltspunkte dafür, dass Yan Fu Tytler's Buch kannte.

Yan Fus *xin, da, ya*

Die Vorworte zu seinen Übersetzungen und seine Anmerkungen enthalten Yan Fus Aussagen zum Übersetzen. Die berühmten drei Zeichen *xin, da, ya* finden sich im Vorwort zu *Tianyanlun* 天演论 (Über Evolution), seiner Übersetzung von Huxley's *Evolution and Ethics*. Yan Fu begann seine Übersetzung von *Evolution and Ethics* bereits 1895. Bevor sie 1898 veröffentlicht wurde, erschien sie in Auszügen in der *Guowenbao* und kursierte als Manuskript unter Yan Fus Freunden.

Yan Fu beginnt sein Vorwort zu *Tianyanlun* mit folgendem Satz:
译事三难，信、达、雅。[10]

Beim Übersetzen gibt es drei Schwierigkeiten: *xin* (Originaltreue), *da* (Verständlichkeit) und *ya* (Eleganz).

Als Kriterien für die Übersetzung sind die drei Schriftzeichen nach ihrer Wichtigkeit angeordnet. Yan Fus Kriterien *xin, da, ya* dürfen nicht als drei, sich widersprechende Teile angesehen werden, sondern sind als ein Ganzes zu betrachten sind.

Xin steht an erster Stelle: Yan Fu sieht es als die Pflicht des Übersetzers an, dem Original treu zu sein.
求其信，已大难矣。[11]

Xin (Originaltreue) ist schwer zu erreichen.

Absolute Treue in der Übersetzung ist so gut wie unmöglich, es gibt keine perfekte Übersetzung. Was bedeutet also *xin* für Yan Fu? Man darf einerseits

---

[9] Er forderte als Grundvoraussetzungen für eine gute Übersetzung Kenntnis beider Sprachen, Einblick in die angesprochene Sache, Stilsicherheit und ein Verständnis der Mitteilungsabsicht des Autors. Er fasste das Verhältnis von Textvorlage und Übersetzung wie folgt zusammen: "I. That translation should give a complete transcript of the ideas of the original work. II. That the style and manner of writing should be of the same character with that of the original. III. That the translation should have all the ease of the original composition." (Alexander F. Tytler,; Essay on the Principles of Translation, Amsterdam 1978, S. 16).
[10] Shen Suru, *Lun xin da ya*, Peking 1998, S. 38.
[11] Ebd.

nicht versuchen, der syntaktischen und grammatischen Struktur des Originals zu folgen, um die Lesbarkeit des Textes zu gewährleisten, andererseits muss der Sinn des Originals in der Übersetzung erhalten bleiben. *Xin* heißt demnach für Yan Fu, die Idee des Originals ohne Verzerrung im übersetzten Text widerzugeben.

> 今是书所言，本五十年来西人新得之学，又为作者晚出之书。译文取明深义，故词句之间，时有颠倒附益，不斤斤于字比句次，而意义则不倍本文。[12]
>
> Dieses Buch [*Evolution and Ethics*] basiert auf dem neuen Wissen, das der Westen in den letzten 50 Jahren erworben hat und ist eines der letzten Werke des Autors. [Meine] Übersetzung versucht die Tiefsinnigkeit aufzuzeigen. Aus diesem Grund folgt meine Übersetzung nicht der exakten Reihenfolge der Wörter und Sätze des Originals, gibt es Umstellungen und Verstärkungen. Aber sie weicht nicht vom Sinn des Originals ab.

Yan Fu sieht die Sprache nicht als direkten Ausdruck einer Kultur, einer nationalen Besonderheit. Er geht davon aus, dass Ideen unabhängig von der Sprache existieren und bejaht damit prinzipiell die Übersetzbarkeit. Unübersetzbarkeit eines fremden Weltbildes gibt es für ihn nicht.

Yan Fu glaubte, *xin* und *da* seinen voneinander abhängig und können nicht separat voneinander betrachtet werden.

> 凡此经营，皆以为达；为达即所以为信也。[13]
>
> Nur wenn eine Übersetzung verständlich (*da*) ist, ist sie auch originaltreu (*xin*).

Es gibt laut Yan Fu Übersetzungen, die verständlich, aber nicht originaltreu sind, aber es gibt keine Übersetzungen, die originaltreu und nicht verständlich sind.

Was bedeutet nun *da*? Yan Fu entwickelte sein Kriterium *da* aus seinem Verständnis des Unterschiedes zwischen westlichen Sprachen und Chinesisch. Er erkannte den Unterschied zwischen Englisch und Chinesisch in Satzstruktur und Grammatik und vermied eine Wort-für-Wort-Übersetzung. Seine Strategie bestand darin, Inhalt und Bedeutung des Originals zu durchdringen und die Essenz dann niederzuschreiben. (此在译者将全文神理，融会于心，则下笔抒词，自善互备。[14]) In diesem Sinne waren Yan Fus Übersetzungen hauptsächlich Interpretationen. Wie Liang Qichao anmerkte, war diese Methode nur erfolgreich, weil Yan Fus Wissen dem der Autoren, die er übersetzte, sehr nahe war. Und tatsächlich hob sein Wissen ihn von anderen Übersetzern, die nur mechanisch übersetzten, ab.

---

[12] Ebd.
[13] Ebd.
[14] Ebd.

In den Bemerkungen zur Übersetzung in *On Liberty* (群己权界论) erklärt Yan Fu, dass er durch freie Formulierung den Text dem Leser verständlicher mache. Interessanterweise merkt er an, dass sich viele Leser über die schlechte Verständlichkeit seiner Übersetzungen beklagten, sie sollten sich dessen bewusst sein, dass die Originale noch viel schwerer zu verstehen sind.[15] In den Vorbemerkungen zu *Yuanfu* (原富) rechtfertigte er seine selektive und freie Art Übersetzung.[16]

Xin und *da* sind ein dialektisches Prinzig bei Yan Fu. Voraussetzung für *xin* ist *da*, nach *da* zu streben, gehört zur Verwirklichung von *xin*. *Xin* und *da* formen eine Einheit, die in der Übersetzung nicht trennbar ist.

Zum dritten Kriterium *ya* Eleganz. Yan Fu hat *ya* nicht definiert, *ya* bedeutet für ihn die Anwendung von Vokabular und Prosasyntax der Vor-Han-Zeit.

Was bezweckt Yan Fu mit diesem Kriterium? Sicher wollte er der Übersetzung eine gewisse Zeitlosigkeit oder Unsterblichkeit zu verleihen. Der Wert von etwas Geschriebenem wird – wie Yan Fu mit einem Zitat von Konfuzius belegt 言之无文，行之不远[17]- bis zu einem gewissen Grad durch seine literarische Eleganz bestimmt. Indirektes Ziel von *ya* ist es, die Verständlichkeit *da* zu erleichtern. In den Anmerkungen zur Übersetzung in *Tianyanlun* erklärte Yan Fu, dass aufgrund der tiefgreifenden Ideen von Huxley nur der Stil der Vor-Han-Zeit, der Präzision mit Reichhaltigkeit, Prägnanz mit Tiefgründigkeit, Klarheit mit Eleganz verband, angemessen sei. Er fügte hinzu, dass der gegenwärtige literarische Stil zu vulgär sei, um Huxley gerecht zu werden.

Für Yan Fu heißt also, nach *ya* zu streben, *da* zu erreichen. Denn um *da* zu erreichen, braucht man *ya*. Ein weiteres dialektisches Element bei Yan Fu. Da man wiederum, um Verständlichkeit *da* zu erreichen, originaltreu *xin* sein muss, bedeutet also Eleganz *ya* zu erreichen, indirekt auch originaltreu *xin* zu sein.

Warum aber benutzte Yan Fu gerade den Vor-Han Stil von all den Stilen, die allgemein als vormodernes Chinesisch bezeichnet werden?

Yan Fu war stilistisch der Tongcheng-Schule 桐城派[18] verbunden, einer Schule, die eine Rückkehr zum Stil der Vor-Han-Zeit und zu dem der Dynastien Han, Tang und Song forderte. Einer der Hauptvertreter dieser Schule war Wu Rulun (1840-1903), selbst Protegé von Zeng Guofan, der für Yan Fu Mentor in Stilfragen war und für mehrere Übersetzungen Vorworte schrieb. Ziel dieser Schule war die Revitalisierung einer "Literatur im alten Stil" 古文 vor allem nach den als vorbildlich empfundenen Texten der „Acht Meister der Tang und

---

[15] Liu Mengxi (Hrsg.); *Zhongguo jindai xueshu jingdian – Yan Fu juan*, Shijiazhuang 1996, S.424.
[16] Wu Jie (Hrsg.), *Yan Fu shuping*, Shijiazhuang 2001, S. 45.
[17] Shen Suru, *Lun xin da ya*, Peking 1998, S. 39.
[18] Benannt nach der Heimatstadt Tongcheng, Provinz Anhui, der Hauptvertreter Feng Bao (1668-1749), Liu Dagui (1698-1780), Yao Nai (1732-1815).

Song" 唐宋八大家, zu denen auch Han Yu (768-825) gehörte, dessen Stil Yan Fu sehr schätzte. Aus diesem Grund ist für ihn nur selbstverständlich, sich an dessen Stil (auch wenn Han Yu in der Tang-Zeit lebte) und dem von Sima Qian bei der Übersetzung zu orientieren. (中国文之美者，莫若司马迁、韩愈。) Yan Fus Stil lässt sich nicht einfach auf eine Imitation des Alten und Überlebten reduzieren. Vielmehr betont er, ganz in der Tradition Han Yus, die Notwendigkeit neuer Begriffe. Auf die Kritik Liang Qichaos, er sei in seinem Stil zu sehr mit Tiefsinnigkeit und Eleganz befasst und zu sehr erpicht darauf, den Stil der Vor-Qin-Zeit zu kopieren, was für diejenigen, die nicht viele klassische Bücher gelesen haben, schwer zu verstehen sei[19], antwortet Yan Fu, dass er seine Übersetzungen an die richte, die die klassischen chinesischen Werke gelesen haben. (吾译正以待多读中国古书之人。[20]) Außerdem schrieb er, es wäre kultureller Niedergang und keine Revolution, wenn er den vulgären Stil benutzte, der in Mode sei, nur um den ungebildeten Leuten in Marktflecken und entlegenen Gebieten die Lektüre zu erleichtern. (若徒为近俗之辞，以便市井乡僻之学，此于文界，乃所谓凌迟，非革命也。[21])

Aber warum war nun Eleganz vonnöten, um die Gedanken Thomas Huxleys, Herbert Spencers oder John Stuart Mills zu übermitteln? Es heißt es in dem Brief an Liang Qichao:

理之精者不能载以粗犷之词。[22]

Mit vulgären Worten lässt sich die Essenz der Theorien nicht wiedergeben.

Yan Fus Wahl des Stils ist also teilweise auf seine ästhetischen Neigungen zurückzuführen. Wichtiger scheint die Tatsache zu sein, dass er sich bemühte, von den Gelehrten beachtet zu werden. Da er die Beamtenprüfungen nicht bestanden hatte, versuchte er sich so zu beweisen. Außerdem sah er die Verbreitung westlicher Ideen als einen Zweck des Übersetzens und glaubte, er müsse zuerst diejenigen, die in chinesischer Philosophie, Geschichte und Literatur belesen waren und westlichen Ideen skeptisch gegenüberstanden, ansprechen. Tatsächlich lasen einige konservative Gelehrte seine Übersetzungen wegen des Stils, und Yan Fu gelang es so, ihnen neue Ideen nahezubringen, die sie anderenfalls zurückgewiesen hätten.

Yan Fus Kriterien hatten großen Einfluß auf die Entwicklung von Übersetzungstheorien in China. Wie bereits erwähnt, sind seine Kriterien aber nicht als eigene Übersetzungstheorie zu bezeichnen. Denn aus theoretischer

---

[19] Ma Zuyi, *Zhongguo fanyi jianshi*, Peking 1998, S. 381.
[20] *Yan Fu ji*, Band 3, S. 517.
[21] "Yu Liang Qichao lun suo yi 'Yuanfu' shu", in: Ma Zuyi, *Zhongguo fanyi jianshi*, Peking 1998, S. 378.
[22] *Yan Fu ji*, Band 3, S. 516.

Perspektive ist seine Argumentation problematisch. Yan Fu gründet seine Argumentation für *xin, da, ya* auf einen Vergleich von Übersetzung und Schreiben.
 Im Yijing heißt es: 'Schreiben erfordert Wahrhaftigkeit.' （修辞立诚）Konfuzius sagt: 'Sprache soll verständlich sein.' （辞达而已）und 'Ohne sprachliche Feinheit kein weitreichender Einfluss.' （言之无文，行之不远）Diese drei Aussagen enthalten die Prinzipien für das Verfassen eines Textes, sie sind auch die Methode für eine Übersetzung. Deshalb sollte man sich außer um Originaltreue und Verständlichkeit auch um Eleganz bemühen. （故信、达而外，求其尔雅。）[23]

Yan Fu erkannte durchaus die Natur der Übersetzung, hat er doch überzeugend das Verhältnis von *xin* und *da* dargelegt. Da er aber wollte, dass sowohl seine Übersetzungen als auch seine Übersetzungskriterien von den chinesischen Gelehrten akzeptiert werden, benötigte er Beweise aus den chinesischen Klassikern.

Yan Fus Übersetzungskriterien waren und sind seit ihrer Veröffentlichung Thema verschiedener Debatten zum Übersetzen. Die Meinungen über Yan Fus Beitrag zu einer chinesischen Übersetzungstheorie sind geteilt. Kritiker verweisen auf Yan Fus eigene Übersetzungspraxis, vor allem die Übersetzung von *Evolution and Ethics*, in deren Vorwort sich die Kriterien *xin, da, ya* finden, die unvereinbar mit seiner Theorie zu sein scheint. Die Freiheit, die sich Yan Fu bei der Übersetzung von Huxleys Text genommen hat, zeige, dass für Yan Fu das erste seiner Kriterien *xin*, am wenigsten von Belang sei.
 Will man Yan Fus Übersetzungen beurteilen, ist es wichtig Yan Fus Motive für das Übersetzen im Blick zu behalten: Für Yan Fu war Übersetzen ein Mittel, das in England erworbene Wissen zu propagieren und um seine eigenen Vorstellungen bezüglich einer praktischen Lösung für Chinas offensichtliche Zurückgebliebenheit darzulegen. Yan Fus Essays aus den Jahren 1895-1898, in denen er angesichts der Niederlage im Krieg gegen Japan nach Wegen für eine Erneuerung Chinas sucht, sind, wie Benjamin Schwartz es nennt, die Matrix, in deren Kontext man auch seine Übersetzungen sehen muss. [24] Yan Fus Übersetzungen und vor allem seine in die Übersetzungen eingefügten umfangreichen Anmerkungen sind in gewisser Weise eine Fortführung dieser Essays.
 In seinem Vorwort zu *Tianyanlun* schreibt Yan Fu:

---

[23] Shen Suru, *Lun xin da ya*, Peking 1998, S. 39.
[24] Benjamin Schwartz; *In Search of Wealth and Power: Yen Fu and the West*, Cambridge 1964, S. 92.

题曰达旨，不云笔译，取使发挥，实非正法。²⁵
Es ist eine Darstellung des Hauptgedankens und keine Übersetzung. Das ist zur Verdeutlichung, es ist aber eine unorthodoxe Methode.

Was bezweckt Yan Fu mit dieser Aussage? Ist es Bescheidenheit oder Unsicherheit?

War Antik-Chinesisch das geeignete sprachliche Medium, um europäische Ideen des 18. und 19. Jahrhunderts zu transportieren? Folgt man der Auffassung, dass Sprache direkter Ausdruck einer Kultur, einer nationalen Eigentümlichkeit ist, muss man diese Frage natürlich verneinen. Für Yan Fu hingegen konzentrierte sich das andere Weltbild nicht im einzelnen Wort. Insgesamt betrachtet, übermitteln Yan Fus Übersetzungen die Essenz der Ideen, die er übermitteln möchte. Das heißt nicht, dass sich diese Übermittlung unproblematisch gestaltete. Wie Yan Fu im Vorwort zu *Tianyanlun* bemerkt:

> 新理踵出，名目纷繁，索之中文，渺不可得，即有牵合，终嫌参差。译者遇此，独有自具衡量，即义定名。顾其事有甚难者。。。²⁶
> Neue Theorien tauchen eine nach der anderen auf, damit entstehen auch viele neue Begriffe. Diese neuen Begriffe findet man in der chinesischen Sprache nicht. Obwohl einige chinesische Begriffe dem Original nahe kommen, sind sie nicht passend. Wenn ein Übersetzer in solch einer Situation ist, muss er sich nach eigenem Ermessen für eine Bezeichnung entscheiden. Das ist leichter gesagt als getan.

Yan Fu gab sich viel Mühe bei der Wahl und Schöpfung von neuen Begriffen und dachte manchmal sogar einen Monat über einen Begriff nach. Er vermied es, die Neologismen, die in Japan geprägt worden waren, zu verwenden. (Leider sollten seine Begriffe den ‚Überlebenskampf' mit den japanischen Neologismen verlieren.) Um ein Beispiel anzuführen: Im Vorwort zur Übersetzung von Herbert Spencer's Study of Sociology erklärt Yan Fu, dass der Begriff *shakai* 社会 (*shehui*) seiner Meinung nach nicht passend sei, um das westliche Konzept der Gesellschaft als eine soziale Gruppe zu verdeutlichen. Er bevorzuge die Verwendung von 群.²⁷ Darin zeigt sich der Stolz des chinesischen Gelehrten, der der Meinung ist, seine eigene Sprache gut genug zu kennen, um auf Begriffe aus Japan verzichten zu können. Andererseits zeigt sich aber auch der Unmut eines modernen Nationalisten.

Aber werden nicht durch den Rückgriff auf vormoderne Begriffe, auf Schlüsselbegriffe der chinesischen philosophischen Tradition, oder eigene Wortschöpfungen die westlichen Begriffe und Konzepte verfälscht? Einer der

---
[25] Shen Suru, *Lun xin da ya*, Peking 1998, S. 38.
[26] Shen Suru, *Lun xin da ya*, Peking 1998, S. 40.
[27] Lu Yunkun (Hrsg.), *Shehui jubian yu guifan chongjian – Yan Fu wenxuan*, Shanghai 1996, S.127.

schwierigsten Begriffe, mit denen sich Yan Fu auseinandersetzen musste, war der Begriff ‚nature'. Yan Fu übersetzte diesen Begriff mit *tian* 天 und führte aus, dass dieser Begriff mehrdeutig sei, wie auch ‚nature'. Zu Verfälschungen kommt es nicht durch die Verwendung von Sprache, sondern vielmehr durch seine Beschäftigung mit bestimmten Konzepten, die in seinen Übersetzungen durchscheint.

Mit der geistig-kulturellen Erneuerungsbewegung der Jahre 1917-21, in deren Verlauf die (lebendige) gesprochene Sprache *baihua* (schlichte Sprache) an die Stelle der am klassischen Chinesisch orientierten Schriftsprache *wenyan* - bis dahin als einzige literarische Sprache anerkannt - als Grundlage für die Literatur und alle modernen Texte trat, wurden Yan Fus Prinzipien, an erster Stelle *ya*, neu bewertet. Das führte zur ersten theoretischen Kontroverse im modernen China zum Thema Übersetzen.

So kritisiert z. B. Qu Qiubai das Kriterium *ya* als unpassend, um die beiden anderen Kriterien zu erreichen. (严又陵...用一个雅字打消了信和达...古文的文言怎么能够译的信，对于现在的，将来的大众读者，怎么能够达。[28]) Er plädiert dafür, dass eine Übersetzung flüssig *shun* 顺 (...句子和字眼是中国人嘴里可以说得出来的[29]) sein müsse.

Lu Xun hingegen gesteht *ya* Legitimität im historischen Kontext zu:

> 他为什么要干这一手把戏呢？答案是：那时的留学生没有现在那么阔气，社会上大抵以为西洋人只会做机器——尤其是自鸣钟——留学生只会讲鬼子话，所以算不了'士'人的。因此他便来铿锵一下子，铿锵得吴汝纶也肯给他作序，这一序，别的生意也就源源而来了，于是有《明学》，有《法意》，有《原富》等等。但他后来的译本，看得"信"比"达雅"都重一些。[30]

> Die Auslandsstudenten damals waren nicht so einflußreich. In der Gesellschaft wurde allgemein angenommen, dass die Westler nur Maschinen, vor allem Schlaguhren, herstellen können und die Auslandsstudenten nur die Sprache der ausländischen Teufel sprechen können. Deshalb galten sie nicht als Gelehrte. Deshalb hat er [Yan Fu] sich bemerkbar gemacht und zwar so laut, dass Wu Rulun ihm ein Vorwort geschrieben hat. Und das ging dann so weiter. Dann kamen Mill's *Logic*, Montesquieu's *De l'esprit des lois*, Smith's *Wealth of Nations*. Seine späteren Übersetzungen legen mehr Wert auf *xin* als auf *da* und *ya*.

---

[28] Luo Xinzhang (Hrsg.), *Fanyi jilun*, Peking 1984, S. 267.
[29] Ebd.
[30] Ebd., S. 275.

Zusammenfassend lässt sich sagen: Yan Fus Theorie ist einerseits eine prägnante Zusammenfassung der Erfahrungen auf dem Gebiet der Übersetzung, andererseits stellen *xin, da, ya* den Beginn einer neuen Epoche in der theoretischen Beschäftigung mit dem Übersetzen dar. Sein Eintreten für *xin, da, ya* darf nicht losgelöst vom historischen und kulturellen Kontext betrachtet werden, und in diesem hat er seine drei Kriterien richtig umgesetzt. Er hat die Kriterien seiner Zeit, seiner Übersetzungsabsicht und seiner Aufgabe als Übersetzer angepasst.

Literatur

Chan, Leo Tak-hung; *Twentieth-Century Chinese Translation Theory: Modes, Issues and Debates*; Amsterdam / Philadelphia: John Benjamins Publishing Company, 2004.
Chan, Sin-wai, David E. Pollard; *An Encyclopedia of Translation*; Hongkong: The Chinese University Press, 1995.
Ng, Mau-sang; *Reading Yan Fus Tian Yan Lun*; in: Ames, Roger T., Chan Sin-wai, Mau-sang Ng (Hrsg.); Interpreting Culture through Translation, A Festschrift for D.C.Lau; Hongkong: The Chinese University Press, 1991.
Schwartz, Benjamin; In Search of Wealth and Power: Yen Fu an the West; Cambridge: Harvard University Press, 1964.
Tytler, Alexander F.; *Essay on the Principles of Translation* (1791); Amsterdam: John Benjamins B.V., 1978.
Yang, Yan; *A Brief History of Chinese Translation Theory* (Dissertation); Austin: University of Texas, 1992.
Xie, Sitan; *Pour un horizon de la traductologie comparée sino-occidentale* (Dissertation); Paris, 2000.
META, Vol. 44, No. 1, 1999, Université de Montréal

Chen Fukang 陈福康, *Zhongguo yixue lilunshi gao* 中国译学理论史稿, Shanghai (2000) 2005.
Du Chengnan, Wen Jun (Hrsg.) 杜承南、文军, *Zhongguo dangdai fanyi bai lun* 中国当代翻译百论, Chongqing 1994.
Gui Ganyuan, Xiao Peisheng 桂干元、肖培生, *Han De fanyi jiaocheng* 汉德翻译教程, Shanghai 1998.
Liu Jingzhi (Hrsg.) 刘靖之, *Fanyi lun ji* 翻译论集; Hongkong 1981.
Liu Mengxi (Hrsg.) 刘梦溪, *Zhongguo xiandai xueshu jingdian – Yan Fu juan* 中国现代学术经典——严复卷; Shijiazhuang 1996.
Lu Yunkun (Hrsg.) 卢云昆, *Shehui jubian yu guifan chongjian – Yan Fu wenxuan* 社会剧变与规范重建——严复文选, Shanghai 1996.
Luo Xinzhang (Hrsg.) 罗新璋, *Fanyi lun ji* 翻译论集, Peking 1984.

Ma Zuyi 马祖毅, *Zhongguo fanyi jianshi* 中国翻译简史, Peking 1998.
Shen Suru 沈苏儒, *Lun xin da ya* 论信达雅, Peking 1998.
Sun Wanbiao, Wang Enming 孙万彪、王恩铭, *Gaoji fanyi jiaocheng* 高级翻译教程, Shanghai 2000.
Wang Shi 王栻, *Yan Fu zhuan* 严复传, Shanghai 1976.
— , *Yan Fu ji* 严复集, 5 Bde., Peking 1986.
Wu Jie (Hrsg.) 伍杰, *Yan Fu shuping* 严复书评, Shijiazhuang 2001.
Zhongguo fanyi gongzuozhe xiehui "Fanyi tongxun" bianjibu (Hrsg.) 中国翻译工作者协会《翻译通讯》编辑部, *Fanyi yanjiu lunwen ji (1894-1948)* 翻译研究论文集 （1894-1948）, Peking 1984.
— , *Fanyi yanjiu lunwen ji (1949-1983)* 翻译研究论文集(1949-1983), Peking 1984.

Geographische Namen aus dem europäischen Bereich in Chinesisch und Japanisch seit dem I. Opiumkrieg

Wolfgang Lippert

Dieser Aufsatz behandelt nur ein Teilstück aus dem größeren Fragenkomplex, wie die Übernahme westlichen geographischen Wissens durch China vor sich ging. Wie der Titel verrät, wird hier nur die Zeit seit dem I. Opiumkrieg unter die Lupe genommen, während der ganze Bereich jesuitischer Arbeiten über geographische Fragen außen vor bleibt. Das Verdienst der Jesuiten für die schon jahrhundertelang vorher vor sich gehende Vermittlung geographischer Kenntnisse und geographischer Namen und Termini bleibt umfassenderen Studien vorbehalten.

Es ist allgemein bekannt, dass Lin Zexu 林則徐 1839 als kaiserlicher Kommissar nach Kanton entsandt wurde, um den überbordenden Opiumhandel unter Kontrolle zu bringen. Damit begann zum erstenmal in China das Interesse der Chinesen am Ausland zu erwachen, während man bis zum Vorabend des Opiumkriegs wenig über das Abendland wußte und noch keine Vorstellung davon hatte, was die Barbaren über China und sein Volk dachten. Lin Zexu hatte einige englischsprechende Landsleute um sich herum versammelt und trug eifrig Material in Englisch zusammen, das er sich übersetzen ließ. Ihm ging es darum, China in die Lage zu versetzen, eine geeignete *response* auf die Bedrohung durch die Ausländer zu finden.

Sicher waren geographische Kenntnisse über Europa und den Westen auch schon vorher durch jesuitische Missionare und andere westliche Reisende nach China gelangt, doch der kulturelle Stolz vor allem der Gentry gestattete keine weite Verbreitung dieser Kenntnisse, vielmehr gerieten alle Nachrichten über den Westen in Vergessenheit.

Lins Interesse richtete sich auf Hugh Murrays Werk *An Encyclopaedia of Geography*, London 1834, auf das ihn sein Dolmetscher Liang Jinde aufmerksam gemacht hatte. Liang übersetzte wahrscheinlich einige Abschnitte aus diesem Werk, zusammen mit Teilen aus westlichen Zeitschriften und vor allem mit einigen ausgewählten Artikeln aus der westlichen Monatszeitschrift 東西洋考每月統紀傳 (1833-38), veröffentlicht von dem preußischen Missionar Karl F.A. Gützlaff. Das Werk erschien unter Lins Namen und dem Titel 四洲志 *Si zhou zhi* (Geographie der vier Kontinente). Weiterhin lernte Lin manches über den Westen aus dem *Canton Repository*, dem *Canton Register* und der *Canton Press*.

Lin Zexu übergab die Ergebnisse seiner Studien seinem Freund Wei Yuan 魏源 (1794-1856), damals Großsekretär am Kaiserhof. Wenige Monate nach dem Friedensschluß von Nanjing 1842 vollendete er seine Geographie von fremden Völkern unter dem Titel 海國圖志 *Haiguo tuzhi* (Karten und Dokumente über überseeische Länder). Die Erstauflage erschien 1844. Ein wichtiger Bestandteil des Werkes war das *Si zhou zhi*, ergänzt durch Zitate aus in Chinesisch geschriebenen geographischen Werken protestantischer Missionare, die in der ersten Hälfte des 19. Jahrhunderts in China wirkten. Das am meisten zitierte Werk ist das 萬國地理全圖集 *Wanguo dili quantuji* (Eine vollständige und illustrierte Sammlung der Weltgeographie) von dem bereits erwähnten Missionar Gützlaff. In das Werk flossen auch Berichte von jesuitischen Missionaren aus dem 17. Jahrhundert mit ein.

Das Buch, eine Enzyklopädie von allem, was Abendländer über die Welt außerhalb Chinas geschrieben hatten, war ein großer Erfolg. Die Erstauflage von 1844 enthielt 50 *juan*, die Zweitauflage von 1847 60 *juan*, und eine weitere von 1852 100 *juan*. Eine gekürzte Ausgabe erschien 1854-56 in Japan, und um dieselbe Zeit wurde das ganze Werk in Japan unter dem Titel *Kaikoku zushi* übersetzt.

Das *Haiguo tuzhi* gibt von allen beschriebenen Gegenden Kartenskizzen, die für das Studium der geographischen Namen sehr nützlich sind.

Ein zweites Werk, das für unsere Zwecke ebenso bedeutend ist, haben wir in dem 瀛環志略 *Yinghuan zhilüe* (Kurzes Traktat über den überseeischen Umkreis) von Xu Jiyu 徐繼畬 (1795-1873). Es wurde 1848-49 herausgebracht. Xu war, ähnlich wie Lin Zexu, ein hoher Beamter in Guangdong und Fujian, und er fand durch seinen Kontakt mit den Engländern im Gefolge des Opiumkrieges Interesse an der Weltgeographie. Das Buch ist kompakter als das *Haiguo tuzhi*. Es ist in zehn *juan* aufgegliedert. Ebenso wie das *Haiguo tuzhi* sorgt auch dieses Werk durch reiches Kartenmaterial für Anschaulichkeit. Im Gegensatz zu Wei Yuan zitiert Xu direkt und fast ausnahmslos aus chinesischen Werken. Da das Werk keine Kollektion von Materialien darstellt, sondern von einer Hand geschrieben ist, wirkt es stilistisch einheitlicher und übersichtlicher. 1859 und 1861 wurde es in Japan unter dem Titel *Eikan shiryaku* nachgedruckt.

Für die vorliegende Untersuchung konnte ich leider nur Material aus dem *Eikan shiryaku* beschaffen. Allerdings stehen mir zahlreiche englisch-japanische Lexika aus der zweiten Hälfte des 19. Jahrhunderts zur Verfügung, mit deren Hilfe ich die weitere Entwicklung der europäischen geographischen Namen verfolgen konnte.

Eine Besonderheit des *Yinghuan zhilüe* besteht darin, dass es die verschiedenen Namen eines Landes aufzählt, die damals in Umlauf waren. Zu "Deutschland" gibt Xu die Bezeichnungen 日耳曼國, 日耳曼押, 阿勒曼, 阿里曼, 占曼尼, 耶曼尼, 熱爾麻尼, 日勒墨尼亞. Im Kapitel über "Frankreich" lesen wir die Namen 佛郎西, 佛蘭西, 法蘭西, 佛郎祭, 荷蘭西. Auch für "Ägypten" als Kulturland in der Nähe Europas finden wir mehrere Bezeichnungen: 麥西, 埃及多, 扼入多, 厄日度, 伊齊不托, 以至比多. Dies nur als kleine Auswahl.

Waren die frühesten Bezeichnungen für "Deutschland" von den englischen und französischen Formen "Germany", "Allemagne" abgeleitet, so kamen die Formen 德意志, 德國 für "Deutschland" erst nach der Gründung des *Zongli Yamen*, einer Vorform des chinesischen Außenministeriums, im Jahre 1861 in Gebrauch. Beispiele sind zu finden im *Qing huidian* bei der Behandlung von Verträgen mit ausländischen Mächten (s. Morohashi, *Da Han-He cidian*, Bd. IV, S. 922, 924): Qing huidian, Zongli geguo shiwu yamen: "Alle Staaten, mit denen es Verträge gibt, zählen sechzehn, nämlich 德意志 Deutschland),... ". (Ibd., bd. IV, S. 922). Lexikographisch hat sich die Form 德國 im Wörterbuch von Kwong 1882 niedergeschlagen, die andere Form 德意志 im Wörterbuch Huang 1920, wo "Deutschland" mit 德意志國 übersetzt wird.

Es fällt nun auf, dass im Japanischen für "Deutschland" eine ganz andere Form üblich ist, nämlich 獨逸 *doitsu*, und zwar beginnend mit dem *Satsuma jisho* von 1869. Dieses Wörterbuch ist die dritte Auflage des ersten englisch-japanischen Wörterbuchs 英和對譯袖珍辭書 vom Jahre 1862, das sich aus den *Rangaku*-Wörterbüchern entwickelte, d.h. holländisch-japanischen Wörterbüchern. Deshalb liegt es nahe anzunehmen, dass der Name *doitsu* aus der *Rangaku*-Lexikographie stammt, also direkt von den Holländern übernommen wurde, denn "deutsch" heißt auf niederländisch "Duits". Diese Vermutung wird aus dem *Eikan shiryaku* 1861 bestätigt.

Etwas anders liegen die Dinge mit dem Namen "Russland". Der chinesische Name 俄羅斯 oder 我羅斯 oder 峨羅斯 kommt von mongolisch "oros". Im Japanischen werden zur Wiedergabe des Namens die Zeichen 魯西亞 verwendet, die im Wörterbuch von Hepburn 1888 durch "Orosha" bzw. "Roshiya" wiedergegeben werden. Zumindest "Roshiya" liegt klanglich dem englischen "Russia" näher.

Im allgemeinen ist festzustellen, dass die chinesischen Bezeichnungen für Ländernamen früher vorhanden waren als die japanischen. "Holland", 荷蘭國 bzw. 和蘭國 gibt es in englisch-chinesischen Wörterbüchern schon seit Robert Morrisons englisch-chinesischem Wörterbuch von 1822. Allerdings kommt

荷蘭 "Oranda" auch im Wörterbuch Satsuma 1869 vor, könnte also auch von den Holländern nach Japan gebracht worden sein.
"Portugal" 葡萄牙 bzw. 葡萄亞 kommt schon im *Haiguo tuzhi* wie auch im *Yinghuan zhilüe* vor; dieselben Zeichen 葡萄牙 werden auch im Japanischen verwendet, haben aber dort, wie das *Eikan shiryaku* 1861 ausweist, die Lesung "Porutogaru", die auch im Wörterbuch Wohlfarth 1912 gebraucht wird und sich bis in die Moderne erhalten hat. Es muss an dieser Stelle darauf hingewiesen werden, dass die Silbenzeichen, die im *Eikan shiryaku* 1861 neben den chinesischen Schriftzeichen stehen, die angenäherte Wiedergabe der damaligen holländischen geographischen Namen sind.

Auffallend ist die Bezeichnung von "Spanien" im *Haiguo tuzhi*, nämlich 大呂宋. Im Golf von Biscaya lesen wir allerdings auf derselben Karte 是班牙海隅. 呂宋 *Lüsong* ist die chinesische Form von Luzon, der Hauptinsel der Philippinen, auf der sich die Spanier 1564 festgesetzt hatten. Die Chinesen assoziierten den Begriff "Spanien" also zunächst mit dem Begriff "Eroberer von Luzon". Wenige Jahre später benutzt Xu Jiyu die Schriftzeichen 西班牙, um "Hispania", "España" lautlich wiederzugeben. Im englisch-japanischen Wörterbuch Shibata 1873 wird 西班牙 allerdings bereits als "Isupaniya" umschrieben, ebenso wie 佛郎西 im englisch-japanischen Wörterbuch die Lautumschreibung "Furansu" erhält.

Während "Norwegen" im *Yinghuan zhilüe* fehlt, finden wir im *Haiguo tuzhi* 那威 (heute 挪威, japanisch laut Shibata 1873 那威國 "Noruueikoku", heute "Noruuê"). Die "Türkei" trägt im *Haiguo tuzhi* und im *Yinghuan zhilüe* schon ihren heutigen Namen 土耳其 (jap. 1873 土耳其國 "Torukîkoku", heute "Toruko"), 瑞士 "die Schweiz" (jap. Suisu), 意大利 "Italien" , (jap. Shibata 1873 伊太利國 "Itarîkoku", heute "Itaria"), 西治里 "Sizilien", heute 西西里, 地中海 "das Mittelmeer", heute dto. (im japanischen *Eikan shiryaku* "Mittorurandosezê", heute "chichûkai"), 蘇格（各）蘭 "Schottland" (jap. im *Eikan shiryaku* 1861 蘇格蘭 "Sukottoran"), 奧地利亞 "Österreich" (im *Yinghuan zhilüe*), 奧地利 (im *Haiguo tuzhi*) sind graphisch fast gleich, 伊耳蘭 "Irland" und 阿爾蘭 zeigen nur geringe Unterschiede, die eine Form ist die graphische Wiedergabe, die andere die englisch gesprochene Wiedergabe (heute 愛爾蘭, japanisch "Airurando"). Die Zeichen für 烏拉嶺 "der Ural" sind auf beiden Europakarten im *Haiguo tuzhi* und im *Yinghuan zhilüe* gleich. Nur die Umschreibung für "Island" unterscheidet sich wesentlich: Im *Yinghuan zhilüe* lesen wir 義斯蘭地亞, im *Haiguo tuzhi* dagegen 臥蘭的亞. 波蘭 "Polen" ist im *Haiguo tuzhi* auf der Europakarte verzeichnet, im *Yinghuan zhilüe* überhaupt nicht - eine Widerspiegelung der damaligen politischen Verhältnisse. Neben 日耳曼國 existiert in beiden Werken auch 普魯社 (*Haiguo tuzhi*) bzw. 普魯士

(*Yinghuan zhilüe*) "Preußen". Auf einer Spezialkarte im *Haiguo tuzhi* wird erwähnt, dass dieser Feudalstaat auch 破路斯國 geschrieben wird.

In manchen Fällen ist die Landkartenbeschriftung durch Wei Yuan der westlichen näher als das *Yinghuan zhilüe*. Wieso steht im letzteren 連國 für "Dänemark"? Xu Jiyu erklärt allerdings gleich zu Anfang des Kapitels, dass 連國 auch durch 大尼 ersetzt werden kann, also durch das von Wei Yuan gebrauchte Wort. Wei Yuan liegt also im Trend der Zeit. Auf der anderen Seite schreibt Wei Yuan für "Schweden" 瑞丁. Xu Jiyu erklärt hier, dass das von ihm gebrauchte 瑞國 auch die Varianten 瑞典 (das heutige Wort) oder 瑞丁 haben kann.

Wir können aus alledem die Schlussfolgerung ziehen, dass die geographischen Bezeichnungen auf den westlichen Karten zuerst in China mit chinesischen Zeichen aufgeschrieben wurden und die Japaner gewöhnlich um einige Jahre versetzt nachzogen, dass sie allerdings die Zeichen nicht in der sinojapanischen Weise lasen, sondern zunächst die holländische, später die englische (manchmal auch die portugiesische) Lesung mit Kana-Zeichen nachvollzogen (英吉利 igirisu = ingles). Einige Namen wurden von den Japanern auch von Anfang an mit anderen Zeichen geschrieben. Hier allerdings muss die Forschung weiteres Material zutage bringen.

Frühe europäische Ländernamen chinesisch und japanisch			
Land	chinesisch	japanisch	heute
Europa	Morrison 1822 歐羅巴，友羅巴， 大西洋 Haiguo 歐羅巴 Yinghuan 歐羅巴 Lobscheid 1866-69 歐羅巴	Eikan 1861 歐羅巴 *Europpa* Shibata 1873 歐羅巴洲 *Europpashû*	C. 歐洲 J. 歐洲, *Ôshû*
England	Morrison 1822 英吉利國，大英國 Haiguo 英吉利島國 Yinghuan 英吉利三島 Lobscheid 1866-69 英吉利國 Kwong 1882 英國	Eikan 1861 英吉利國 *Engurando* Satsuma 1869 英吉利, *Igirisu*(portug. *Ingles*) Hepburn 1903 英國, *Eikoku*	C. 英國 J. 英國, *Eikoku*

Deutschland	Haiguo 日耳曼 Yinghuan 日耳曼 Lobscheid 1866-69 日耳曼國 Kwong 1882 德國 Yan Huiqing 1912 日耳曼國 Huang 1920 德意志國	Eikan 1861 日耳曼 *Doitsu* Satsuma 1869 獨逸	C. 德國 J. *Doitsu*
Frankreich	Haiguo 佛蘭西 Yinghuan 佛郎西 Lobscheid 1866-69 佛蘭西國，法國	Eikan 1861 佛郎西 *Furankureiki* Satsuma 1869 佛朗西 *Furansu*	C. 法國 J. *Furansu*
Preußen	Haiguo 普魯社 Yinghuan 普魯士 Lobscheid 1866-69 普魯士國	Eikan 1861 *Puroisen* Shibata 1873 普魯士國 *Puroshiyakoku*	C. 普魯士 J. 普魯士亞， *Purosha*
Rußland	Haiguo 俄羅斯 Yinghuan 俄羅斯 Lobscheid 1866-69 俄羅斯 (mongol. Oros)	Eikan 1861 俄羅斯 *Riyusurando* Hepburn 1888 魯西亞 *Orosha*, *Roshia*	C. 俄羅斯， 俄國 J. 露西亞， *Rosha*
Österreich	Haiguo 奧地里 Yinghuan 墺地利亞 Lobscheid 1866-69 奧地里亞國	Eikan 1861 墺地利亞 *Ausutoria* Shibata 1882 墺地利	C. 奧地利 J. *Ôsutoria*
Ungarn	Yinghuan 匈牙利 Yan Guoqing 1912 匈牙利 Huang 1920 匈牙利	Shibata 1873 洪葛利 *Hongarii* Satow 1919 洪牙利 *Hongari*	C.匈牙利 J. *Hangaria*
Portugal	Morrison 1822 西洋國 Haiguo 葡萄亞 Yinghuan 葡萄牙 Lobscheid 1866-69 大西洋，葡萄牙國	Eikan 1861 葡萄牙 *Porutogaru* Hepburn 1888 *Horitogaru* Shimada 1888 葡萄牙國 Wohlfarth 1912 葡萄牙 *Porutogaru*	C. 葡萄牙 J. *Poruto-* *garu*
Spanien	Morrison 1822 大呂宋 Haiguo 大呂宋 Yinghuan 西班牙 Lobscheid 1866-68 大呂宋，西班牙	Eikan 1861 西班牙 *Supanî* Shibata 1873 西班牙 *Isupaniya*	C. 西班牙 J. *Supein*

Holland	Morrison 1822 荷蘭國 Haiguo 荷蘭 Yinghuan 荷蘭 Lobscheid 1866-69 和蘭國	Eikan 1861 荷蘭 *Nêderuranden* Hepburn 1867 荷蘭陀 *Oranda* Satsuma 1869 荷蘭 *Oranda*	C. 荷蘭 J.*Oranda*
Italien	Haiguo 意大里 Yinghuan 意大里亞 Lobscheid 1866-69 意大利國 Huang 1920 意大利國	Eikan 1861 意大里亞 *Itarî* Shibata 1873 伊太利國 *Itarîkoku*	C. 意大利 J. *Itaria*
Polen	Haiguo 波瀾 Yinghuan 波瀾 Yan Huiqing 1912 波瀾	Eikan 1861 波瀾 Shimada 1888 波瀾土 *Pôrando*	C. 波瀾 J. *Pôran-do*
Griechen-land	Haiguo 希臘 Yinghuan 希臘 Lobscheid 1866-69 希臘國 (Hellas)	Eikan 1861 希臘 *Girîkenrando* Shibata 1873 希臘 *Girisha* (Greece)	C. 希臘 J.*Girisha*
Dänemark	Morrison 1822 黃旗 Haiguo 大尼 Yinghuan 連國 Lobscheid 1866-69 大尼國 Huang 1920 丹國	Eikan 1861 連國 *Denemaruku* Shibata 1873 丁抹 *Denmaruku*	C. 丹麥 J.*Denmâ-ku*
Schweden	Morrison 1822 藍旗國 Haiguo 瑞丁 Yinghuan 瑞國 Kwong 1882 瑞典國 Yan Huiqing 1912 瑞典	Eikan 1861 瑞國 *Suwêden* Shibata 1873 瑞典國 *Suwêden*	C. 瑞典 J. *Suêden*
Norwegen	Haiguo 那威 Huang 1920 腦威國	Shibata 1973 那威國 *Noruueikoku*	C. 挪威 J. *Noruuê*
Schweiz	Haiguo 瑞士 Yinghuan 瑞士 Yan Huiqing 1912 瑞士 Huang 1920 瑞士	Eikan 1861 瑞士國 *Zuuittsuru* Shibata 1873 瑞西 *Suisu* Shimada 1888 瑞國 Wohlfarth 1912 瑞西 *Swittsuru* Satow 1919 *Swittsuru, Suisu* 瑞西國 *Suisukoku*	C. 瑞士 J. *Suisu*

Türkei	Haiguo 土耳其 Yinghuan 土耳其 Huang 1920 土耳其國	Eikan 1861 土耳其 Teyurukî Satsuma 1869 Torukokoku Shibata 1873 土耳其國 Torukîkoku	C. 土耳其 J. Toruko
Belgien	Haiguo negativ Yinghuan 比利時 Lobscheid 比利時	Eikan 1861 比利時 Berugî Shibata 1882 比利時	C. 比利時 J.Berugî
Irland	Haiguo 伊耳蘭島 Yinghuan 阿爾蘭 Lobscheid 阿爾蘭 Huang 1920 愛爾蘭	Eikan 1861 阿爾蘭 Iirurando Shibata 1873 愛倫 Airurando	C. 愛爾蘭 J. Airu- rando
Island	Haiguo 臥蘭的亞 Yinghuan 義斯蘭的亞島 Huang 1920 依蘭 Yan Huiqing 1912 哀司蘭土	Eikan 1861 nicht verzeichnet Shibata 1873 依蘭 Aisurando	C. 冰島 J. Aisu- rando

Bibliographische Angaben zu Kurzformen

Eikan 1861. Xu Jiyu. *Eikan shiryaku* (Yinghuan zhilüe). Bearbeitet von Inoue Harunami u.a. Tôkyô 1861.
Hepburn 1867. Hepburn, J.C. *He-Ying yulin jicheng. A Japanese and English dictionary, with an English and Japanese Index.* Shanghai 1867.
Hepburn 1888. -- *Gaizheng zengbu He-Ying Ying-He yulin jicheng. Japanese-English and English-Japanese Dictionary.* 4th edition. Tôkyô 1888.
Hepburn 1903. -- *Gaizheng zengbu He-Ying Ying-He yulin jicheng. Japanese-English and English-Japanese Dictionary.* 7th edition. Tôkyô 1903.
Haiguo. Wei Yuan. *Haiguo tuzhi.* Bearbeitet von Chen Hua u.a. Changsha 1998.
Huang 1920. Huang, I. und Chü, K. *Deutsch-Chinesisches Woerterbuch.* Shanghai 1920.
Kwong 1882. Kwong, Ki-chiu. *Hua-Ying zidian jicheng. English and Chinese Dictionary.* 1882, 2. Aufl. 1887. Nachdruck in Hongkong 1923.
Lobscheid 1866-69. Lobscheid, W. *Ying-Hua zidian. English and Chinese Dictionary, with Punti and Mandarin Pronunciation.* 4 Bde. Hongkong 1866-1869.
Morohashi. Da Han-He cidian. Morohashi, Tetsuji. *Da Han-He cidian.* 13 Bde. Hongkong 1955-1960.

Morrison 1822. Morrison, Robert. *English-Chinese Dictionary.* 1822.
Satow 1919. Satow, Ernest Mason. *An English-Chinese Dictionary of the Spoken Language.* Fourth edition. Tôkyô 1919.
Satsuma 1869. Takahashi, Shinkichi. *He yi Ying cishu. An English-Japanese Dictionary (Satsuma jisho).* Shanghai 1869.
Shibata 1873. Shibata, Masayoshi; Koyasu, Takashi. *Fuyin chatu Ying-He zihui. An English and Japanese Dictionary, Explanatory, Pronouncing, and Etymological.* Tôkyô 1873.
Shibata 1882. - . *Zengbu dingzheng Ying-He zihui. An English and Japanises Dictionary, Pronuncing and Etymological.* Second and Revised Edition. Tôkyô 1882.
Shimada 1888. Shimada, Yutaka. *Fuyin chatu He yi Ying zihui. An English-Japanese Lexicon, Explanatory, Pronouncing, and Etymological.* Tôkyô 1888.
Wohlfarth 1912. Wohlfarth, E. und Odagiri, R. *Japanisch-Deutsches Woerterbuch für den Schul- und Handgebrauch.* Tôkyô 1912.
Yan Huiqing 1912. Yan, Huiqing. *Ying-Hua da cidian. An English and Chinese Standard Dictionary.* 2 Bde., 4. Aufl. Shanghai 1912.
Yinghuan. Hsi Jiyu. *Yinghuan zhilüe.* Taipei 1986.

Weitere Literatur

Drake, Fred W. *China charts the world: Hsü Chi-yü and his geography of 1848.* Cambridge, Mass. and London 1975.
Hummel, Arthur W. (Hrsg.) *Eminent Chinese of the Ch'ing Period (1644-1912).* SMC Publishing Inc. Taipei 1991.
Leonard, Jane Kate. *Wei Yuan and China's Rediscovery of the Maritime World.* Cambridge, Mass. 1984.
Masini, Federico. *The Formation of Modern Chinese Lexicon and Its Evolution Toward a National Language: The Period from 1840 to 1898.* Journal of Chinese Linguistics. Monograph Series Number 6, 1993.

Sinn und Bild
Ein Blick in die Werkstatt der Übersetzer von Lao Shes "Stadt der Katzen"

Volker Klöpsch

Mit den folgenden kleinen Glossen möchte ich mich einreihen in die Schar der Gratulanten, die zu Ehren des Jubilars nach Germersheim gekommen ist, um seine Person und sein Werk zu würdigen. Nur wenige Jahre jünger als der verehrte Kollege, komme auch ich in die Jahre, in denen man langsam daran denkt, seinen Schreibtisch aufzuräumen, und so reichen die Beobachtungen, die ich hier anstelle, mehr als 20 Jahre zurück in die Zeit, als ich Lao Shes "Stadt der Katzen" (*Maocheng ji*) ins Deutsche übertrug. Ich bin jedoch der Meinung, daß die geschilderten Probleme von zeitloser Bedeutung sind und als Werkstattbericht für den ein oder anderen der hier anwesenden Kollegen und besonders Studenten durchaus von Interesse sein könnten.

Ich erinnere mich gut an meinen ersten Besuch im Hause Suhrkamp, als ich mit dem damaligen Lektor Raimund Fellinger die Sammlung chinesischer Erzählungen durchsprach, die dann unter dem Titel "Hoffnung auf Frühling. Moderne chinesische Erzählungen 1919-1949" erscheinen sollte. Als ich den Vielleser (er hatte in einem Monat vier bis sechs Titel zu betreuen) nach seinen Eindrücken befragte, gab er sich in der Beurteilung der literarischen Qualität recht zurückhaltend, hob aber hervor, daß er sich an eine ganze Reihe großartiger sprachlicher Bilder erinnere. Als Beispiel nannte er den Satz: "Er flog herein wie ein geworfener Stein." Ich konnte mich zwar nicht daran erinnern, ihn im Manuskript gelesen zu haben, fand aber bemerkenswert. daß es in erster Linie die fremde und daher als eindringlich empfundene Bildlichkeit war, die den berufsmäßigen Leser fasziniert hatte.

Für die Beschreibung eines alltäglichen Vorgangs wie dem von einer Person, die in einen Raum gelaufen kommt, lassen sich ganz alltägliche Sätze bilden, die sich vermutlich stufenartig steigern lassen:
  Er kam hereingelaufen.
  Er kam hereingestürzt.
  Er kam hereingeflogen.
  Er kam Hals über Kopf hereingestürzt.
  Er kam hereingeflogen wie ein Pfeil.
Keiner dieser möglichen Sätze hätte sich unserem Lektor eingeprägt, da keiner für ihn den Vorzug der Originalität aufwies, des Unerhörten, das den Intellekt herausfordert und eine neue Qualität der Anschaulichkeit aufweist. Einzig der

Vergleich der Geschwindigkeit mit der geballten kinetischen Energie eines Steines macht hier den Unterschied und läßt alle anderen sprachlichen Bilder verblassen.

In der Folge beschäftigte ich mich intensiver mit dem Werk Lao Shes. Während meiner Studienjahre in der VR China war mir das Werk nicht zugänglich gewesen, man sprach nur hinter vorgehaltener Hand von diesem Autor und den mysteriösen Umständen seines Todes. Verbotene Bücher üben bekanntermaßen einen besonderen Reiz aus. Es entstanden eine Übersetzung des "Teehauses" sowie eine Sammlung von elf Erzählungen mit dem Titel "Zwischen Traum und Wirklichkeit". Dann fragte der Suhrkamp-Verlag an, ob eine Übersetzung der "Stadt der Katzen" lohne; man sei ständig auf der Suche nach neuen Titeln für die Phantastische Bibliothek. Nach der Lektüre des Buches riet ich dem Verlag von dieser Publikation ab. Dieser entschied anders und fragte mich, ob ich die Übersetzung übernehmen wolle. So gesehen ist dieses Buch ein ungewolltes Kind. Aber auch ungewollte Kinder kann man liebgewinnen.

Der Autor selbst hatte sein Werk als einen künstlerischen Fehlschlag bezeichnet. Zwar sind solche Selbsteinschätzungen mit Vorsicht zu genießen, zumal wenn sie später unter veränderten politischen Voraussetzungen abgegeben sein sollten, doch liegen selbst für den wohlwollenden Kritiker die Schwächen des Werkes nur allzu deutlich zu Tage. Nach den Ereignissen des Jahres 1931 in der Mandschurei und der Schließung der Zeitschrift *Xiaoshuo yuebao,* in der Lao She bis dato seine Werke zunächst veröffentlicht hatte, mußte er sich für seine Tätigkeit als Schriftsteller eine neue materielle Basis schaffen. Humor allein schien nicht mehr die angemessene Antwort, um auf die politischen und gesellschaftlichen Herausforderungen der Zeit zu antworten, der warmherzige Menschenfreund wandelte sich zum kalten, zynischen Satiriker, dessen schonungslose Beschreibung der chinesischen Gesellschaft nur als Projektion auf den fernen Planeten Mars erträglich schien.

Die Rahmenhandlung des Romans ist mit erschütternder Sorg-, wenn nicht gar Lieblosigkeit entworfen. Nicht mehr als jeweils einen Satz benötigt der Autor, um seinen Ich-Erzähler am Anfang von der Erde auf den Mars und am Ende wieder zurück in sein "großes, glorreiches und freies China" zu befördern. Ein Gesamtentwurf scheint zu Beginn gefehlt zu haben. Der Leser spürt bei der Lektüre, daß das Buch von einer Episode zur nächsten verfaßt wurde, die insgesamt 27 Kapitel sind von deutlich unterschiedlicher Qualität und Eindringlichkeit. Dieser Befund unterstreicht die zuweilen geäußerte Beobachtung, daß Lao She viel eher der Tradition der chinesischen Geschichtenerzähler zuzurechnen ist als der Gruppe der eher intellektuell ausgerichteten chinesischen Romanautoren der 20er und 30er Jahre, auch wenn er ihnen vielleicht gern zugerechnet worden wäre. Zudem wagte Lao She sich auf wenig vertrautes Terrain: Weder ist die Satire im engeren Sinne in China eine wirklich heimische literarische Gattung, noch konnte er auf Erfahrungen im Genre Science Fiction aufbauen. Immerhin war eine gewisse Vertrautheit mit englischen Vorbildern (Swift, Butler, Sterne) gegeben, doch blieben dem Autor die besonderen Schwierigkeiten der Gattung durchaus bewußt, wenn er in einem späteren Vorwort aus dem Jahre 1947 schreibt: "Die Bildersprache der Satire baut auf Einfallsreichtum und auf einen zupackenden, scharfen Schreibstil, doch eben diese Fähigkeiten bleiben mir versagt. Die Sprache muß ihren Sinn durch die Dinge erhellen, muß dieses schildern und jenes meinen; daher können sich die Charaktere häufig nicht vollständig entfalten." Gerade in der Entwicklung seiner Charaktere sah der Autor jedoch zu Recht seine schriftstellerischen Stärken.

Aus Sicht des Übersetzers bildet die Übertragung der sprachlichen Bilder eine besondere Herausforderung. Wenn ich eingangs versucht habe, die offensichtliche Wirkung solcher Bilder auf den Leser zu beleuchten, leitet sich daraus ab, daß der Erfolg oder Mißerfolg einer Übersetzung zu einem guten Teil davon abhängt, ob es dem Übersetzer gelingt, die Bildlichkeit des Ausgangstextes mitsamt seiner Bedeutung angemessen in die Zielsprache zu übertragen. Dies trifft auf Lao She in besonderem Maße zu, da er auf Grund seiner Menschennähe und Beobachtungsgabe ein begnadeter Schöpfer von Sprachbildern, ein wahrer Sprachbildner ist. Der Übersetzer William Lyell nennt ihn im Vorwort zu seiner Fassung von "Cat Country" geradezu einen "zwanghaften Metaphoriker" ("a compulsive metaphorster"). Sein Sprachwitz entfaltet sich im Facettenreichtum der sprachlichen Bilder, die sich nicht immer mit der Erwartungshaltung des Lesers decken.

Bevor wir in den eigentlichen Text eintauchen und uns eine Reihe von Beispielen hierzu vornehmen, möchte ich zwei Dinge hervorheben, die der besonderen Aufmerksamkeit des Übersetzers bedürfen: den Titel und die Namen. So wie man dem Autor unterstellen darf, daß er sich bei der Wahl des Titels zu seinem Werk etwas gedacht hat, so muß man auch vom Übersetzer verlangen, daß er sich hierüber Gedanken macht. Die grandioseste Fehlleistung scheint mir hier nach wie vor die Übersetzung von *Honglou meng* mit "Traum der roten Kammer" zu sein. Während der chinesische Titel ein mehrstöckiges herrschaftliches Haus mit roten Säulen evoziert, die für Pracht und Reichtum stehen, läßt das deutsche Wort Kammer heutzutage an beengte, ärmliche Verhältnisse denken, an eine Abstell-, Rumpel- oder Besenkammer. Es ist daher sehr viel angemessener, wenn die englische Fassung des Titels durch die Eheleute Yang "A Dream of Red Mansions" heißt.

Auch die vier Übersetzungen von *Maocheng ji*, die ich im folgenden vergleichen möchte, geben den Titel unterschiedlich wieder:

Lao Sheh, *City of Cats*, übs. von James E. Dew, Ann Arbor 1964
Lao She, *Cat Country*, übs. von William A. Lyell, Ohio 1970
Lao She, *La Cité des Chats*, übs. von Geneviève François-Poncet, Paris 1981
Lao She, *Die Stadt der Katzen*, übs. von Volker Klöpsch, Frankfurt am Main 1985

Dazu muß man wissen, daß die Verlage sich in der Regel die Formulierung des Titels vorbehalten. Die Entscheidung über seine Formulierung trifft oft genug nicht der sachkundige Lektor, sondern die Marketing-Abteilung einzig unter dem Gesichtspunkt der Werbewirksamkeit und der Förderung des Verkaufs. Immerhin ließe sich aus literaturwissenschaftlicher Sicht argumentieren, daß der Verzicht auf das Wort *ji*, das mit "Bericht" oder "Aufzeichnungen" zu übersetzen wäre, den Bezug zur Gattung der (realen oder fiktiven) Reisebeschreibungen (*youji*) verschleiert, der vom Autor vermutlich intendiert war. Der Doppelsinn des Wortes *cheng* für "Stadt" und "Mauer" geht in den westlichen Sprachen auf jeden Fall verloren, und es bleibt letztlich auch zu fragen, welche Assoziationen sich beim englischen, deutschen oder französischen Leser mit den angesprochenen Katzen ergeben. Es wäre ja durchaus denkbar, daß ein solches Tier (wie etwa auch ein Fuchs oder ein Drache) in der Vorstellungswelt des anderen Kulturkreises völlig unterschiedlich eingeordnet und bewertet wird. Damit würden die Absichten des Autors in der Übersetzung miß-, wenn nicht gar unverständlich.

Zum zweiten Punkt der Namen: E stellt selten ein Problem dar, wenn wir aus europäischen Sprachen ins Deutsche übersetzen. Everyman heißt dann eben Jedermann, Beaute wird zur Buhlschaft, und Hans Castorp wird auch in einer englischen oder französischen Fassung des "Zauberbergs" Hans Castorp heißen. Daß Thomas Mann allerdings mit einem Namen wie Klöterjahn recht derb und direkt auf die dumpfe sexuelle Potenz seiner Figur anspielt und sie in offensichtlichen Gegensatz zur fragilen und vergeistigten Natur der von lauter Kranken bevölkerten Heilanstalt setzt, geht dann verloren. Der Übersetzer muß berücksichtigen, daß der Autor die Namen seiner Personen in den seltensten Fällen zufällig gewählt hat. Franz Kuhn hat natürlich darum gewußt, bevölkert die Romanwelt seiner Übersetzungen jedoch mit einer seltsamen Mischung aus übersetzten und nichtübersetzten Namen: Wir begegnen Kia Yüan und Pao Yü, aber eben auch Phönix und Wölkchen, Blaujuwel und Lenzgeschmack. Eine einheitliche Linie erscheint nicht erkennbar.

In der *Stadt der Katzen* stößt der Ich-Erzähler auf lauter Figuren mit sprechenden Namen. Sie einfach lautlich zu umschreiben oder sie zu übersetzen stellt eine Entscheidung grundsätzlicher Natur dar. Wenn die Gastgeber auf dem fernen Planeten Xie, also Skorpion, heißen, birgt dies sicherlich auch einen Hinweis auf ihren verschlagenen und gefährlichen Charakter. James E. Dew übersetzt einfach mit Big Sye and Young Sye und unterschlägt damit diesen Verweis. Die Freundin des jungen Skorpion trägt den vielsagenden Namen Mi, was auf ihre "berückende" Schönheit Bezug nehmen könnte, jedoch wohl eher noch auf ihre Vorliebe für die Rauschblätter anspielt, die im Land der Katzen das Objekt aller Begierde sind. Die betäubende Rolle der Rauschblätter ist offensichtlich mit der des Opiums im damaligen China vergleichbar, und so übersetzt Dew ihren Namen mit Poppi, dem englischen Wort für Mohn in leicht verfremdeter Schreibung. Ich habe mich damals für Rausch entschieden, ohne damit ganz glücklich zu sein, während Lyell mit Revery übersetzt und François-Poncet mit Euphorie, was beides sehr viel mehr wie ein weiblicher Name klingt.

Zu den wenigen Lichtblicken in der düsteren Welt der Katzen gehört der Charakter eines jungen Mannes, den wir erst kennenlernen, als sie bereits kurz vor ihrem Untergang steht. Er trägt den Namen Daying, was laut Wörterbuch Adler, Habicht wie auch Falke bedeuten kann. Selbst der ornithologische Laie kann sich heute dank der Bemühungen von Alfred Hoffmann über die Unterschiede sachkundig machen, doch bleibt zu berücksichtigen, daß es sich hier um einen Spitznamen handelt, den die anderen Katzen ihm ob seiner Außenseiterrolle gegeben haben. Sein Äußeres beschreibt Lao She wie folgt: "Er war nicht nur groß, sondern auch ausgesprochen massig. Das Fell in seinem Gesicht war lang und buschig; Mund, Nase und Ohren schien es ganz zu verdecken, nur die beiden Augen leuchteten hell durch das Gestrüpp wie zwei glänzende Eier in einem Vogelnest." (S. 153) Weder Adler noch Habicht schienen mir zu dieser Beschreibung zu passen, und ich nahm mir die Freiheit, ihn Kauz zu nennen, auch um die Assoziation eines Sonderlings beim deutschen Leser zu wec??ken. Die französische Übersetzung Grand-Faucon halte ich für ziemlichen Unfug, denn *laoying* ist genauso wenig ein „alter Adler" wie *daxiang* ein "großer Elephant" oder *xiaofei* ein "kleines Trinkgeld" ist.

Eine besonders sinnige Namengebung findet sich in der religiös-ideologischen Sphäre der Katzenmenschen. In einem eigenen Tempel huldigen sie dem "großen unsterblichen Ahnen Ma" (*Ma zu daxian*), eine unverhohlene Anspielung auf Karl Marx und seine Lehren. Wenig gelungen scheint mir die Übersetzung von James Dew mit "the Great God Marsky" (S. 50), da hier der Bezug für den westlichen Leser nicht deutlich genug ist. Lyell macht daraus "Uncle Karl the Great", während die französische Übersetzerin vom "l'Immortel Ancêtre Max" spricht und die Katzen in den Ruf "Vive l'ancêtre-maxisme!"

ausbrechen läßt. "Vive le maxisme!" wäre sicherlich verständlicher gewesen. Ich bezeichne die Figur in meiner deutschen Fassung als den "Großen Ahnen Karl" und baue im übrigen auf den Scharfsinn meiner Leser.

Kommen wir nun zu den eigentlichen Sprachbildern, die sich in den Text des Romans eingewoben finden, um dem Leser die beschriebene ferne Welt zu veranschaulichen. Den Begriff Sprachbilder verwende ich hierbei durchgehend als Obergriff für alle möglichen stilistischen und rhetorischen Formen wie Metapher, Vergleich, Symbol oder Allegorie. Nicht die Bestimmung oder Abgrenzung einzelner Termini interessiert mich hier, sondern einzig die Frage nach deren Übertragbarkeit im übersetzerischen Prozeß. Ich wähle daher bewußt kein hohes Niveau an Abstraktheit, sondern gehe von der übersetzerischen Praxis und den konkreten Textbeispielen aus, die sich bei der Übertragung des Romans in drei verschiedene Sprachen ergeben haben.

Eine erste Gruppe von Beispielen gehört in die Kategorie vom geworfenen Stein: Das Bild wirkt auf den ersten Blick fremd, überzeugt jedoch sofort, da es sich auf ein gemeinsames Wissen stützt und gerade durch den Vorzug der Fremdheit im Gedächtnis haftet und den Reiz des Textes steigert. Lassen Sie mich einige weitere Beispiele vorstellen:

1. 在这团手中露着两个极亮的眼睛，象鸟巢里的两个发亮的卵。(S.153)

The only thing exposed in the heavy tangle of hair that was his face, was a pair of very bright eyes which reminded one of two bright little eggs in a bird's nest. (L 238)

...nur die beiden Augen leuchteten hell durch das Gestrüpp wie zwei glänzende Eier in einem Vogelnest. (K 153)

...cette masse poilue ne laissant emerger que les yeux qui brillaient comme deux oeufs bien lisses, au fond d'un nid. (FP 215)

2. 他似乎觉得他生在毛国是件大不幸的事，他是荆棘中唯一的一朵玫瑰。(S. 97)

He seemed to feel that it was a great misfortune to have been born in Catland - a single rose among the thorns. (D 24)

He acted as though he felt that being born in Cat Country was a personal misfortune and often spoke as though he were the only rose in a bunch of thorns. (L 151)

Er schien es für sein großes Unglück zu halten, daß er im Katzenland geboren war, er kam sich vor wie die vereinzelte Rose im Dornengesträuch. (K 99)

Semblant considerer qu'il n'etait ne au Pays-Chat que par l'effet d'un hasard malencontreux, il se prenait pour l'unique rose dans ce buisson d'epines! (FP 140)

3. 心好象要由嘴里跳出来 (S. 19)

I thought my heart was going to jump out of my mouth. (L 30)

Das Herz wollte mir aus dem Hals springen. (K 23)

J'avais l'impression que j'allais cracher mes poumons. (FP 34)

4. 在街上找人和海里摸针大概一样的无望。 (S. 81)

...trying to find him on the street would probably be as hopeless as looking for a needle in the ocean. (L 126)

...auf der Straße jemanden aufzuspüren schien so hoffnungslos wie der Versuch, eine Nadel im Meer zu erhaschen. (K 83)

... chercher quelqu'un dans la rue serait aussi vain que de chercher une aiguille au fond de la mer! (FP 117)

5. 稍微有点风的时候，大家全不转身，只用脖子追那股校风，以便吸取风中所含着的香味，好象些雨后的蜗牛轻慢的作着顶部运动。 (S. 45)

Whenever a breeze arose, without changing their stance in the slightest, they would crane their necks around and follow it so as to breathe in whatever perfume was contained in the air. They reminded one of snails slowly doing neck exercises after a rain. (L. 72)

Kam eine Brise auf, drehten alle ihre Hälse mit dem Lufthauch, ohne dabei jedoch den Rumpf zu bewegen, um nur ja recht viel von dem herübergewehten Duft einsaugen zu können. Wie Schnecken nach dem Regen bei einer lockeren Nackengymnastik! (K 48)

Quand une petite brise venait à se lever, ils ne changaient pas de position, mais allongeaient tout simplement le cou pour la suivre, comme pour ne rien perdre des effluves dont eile etait impregnee. On eût dit un rassemblement d'escargots faisant leur gymnastique apres la pluie! (FP 69/70)

Alle die angeführten sprachlichen Bilder lassen sich unmittelbar in die andere Sprache übertragen, und selbst ein flüchtiger Vergleich der angeführten Übersetzungen zeigt trotz einiger stilistischer Unterschiede, daß die Übersetzer sich recht wortgetreu an ihre Vorlage gehalten haben.

In einer zweiten Gruppe von Beispielen entfernen sich die Bilder allmählich immer weiter aus der Vorstellungswelt des westlichen Lesers, so daß der Übersetzer sich fragen muß, ob er seinem Publikum diese Inkongruenz zumuten kann oder ob er ihm den fremden Text nicht doch lieber durch die Wahl eines vertrauten Bildes annähert. Natürlich stellt sich diese Frage nicht, so lange der chinesische Autor sich in einer allseitig bekannten Welt der Bezüge bewegt. So beschreibt Lao She eine wogende Menschenmenge etwa mit den Worten: „Die Menschenmassen vermochten sich plötzlich zu teilen, wie sich vormals das Rote Meer vor den Kindern Israels geteilt hatte." (S. 66) Schon das folgende Beispiel (Nr. 6 auf Ihrem Handout) verläßt das gemeinsame Terrain:

6. 解铃还是系铃人。(S. 40)

After all, he'd gotten me into this mess in the first place and he certainly ought to have some way of getting me out of it. (L. 64)

Sollte der dem Tiger die Schelle abnehmen, der sie ihm umgebunden hatte. (K 43/4)

Il avait - comme on dit en Chine - attache la cloche au cou du tigre, à lui d'en defaire le noeud! (FP 63)

Der westliche Leser denkt eher an die Fabel von der Katze und den Mäusen, versteht diesen Satz aber in entsprechender Weise ohne allzu große Mühe. Der Übersetzer könnte aber auch versucht sein zu schreiben: "Sollte der die Suppe auslöffeln, der sie sich eingebrockt hatte." Der Sinn wäre sicherlich sehr ähnlich.

7. 敷衍—这两个宝贝字越用约有油水。(S. 98)

Muddling through - the more l milk that precious expression, the more cream l get out of it. (L 153)

Alles ein Arrangement! Dies teure Wort kommt mir immer glatter über die Lippen! (K 100)

Ah! "se debrouiller", quelle formule merveilleuse! Plus je l'emploie, plus je l'apprecie! (FP 142)

8. 一听见音乐，人们全向队伍这边挤，挤得好象要装运豆饼那么紧。(S.63)

But as soon as they heard the music, rather than shrinking back, the people all began crowding over in the direction of the reverie leaf formation until they were packed as tight as sardines in a can. (L101)

Doch die Klänge zogen die Schaulustigen eher noch an, bis sie wie gepreßte Sojabohnenkuchen aneinandergedrängt standen. (K 67)

...ils se ruerent, au contraire, vers la colonne de soldats, s'agglutinant les uns aux autres comme des tourteaux de soja empiles pour le transport. (FP 94)

In einer dritten und letzten Gruppe wird es für den Übersetzer ungleich schwieriger: Hier werden von ihm wie auch vom Leser ein Bildungshintergrund und ein Vorverständnis erwartet, über das nicht jeder notwendigerweise verfügt. Die Fremdheit der gewählten Sprache und des beschriebenen Gegenstandes verlassen das gemeinsame Terrain, auf dem Autor und Rezipient stehen. Wenn zum Beispiel der verunglückte Ich-Erzähler auf dem Mars erwacht, plagt ihn naturgemäß furchtbarer Durst. Lao She beschreibt den ersten Schluck Wasser, den er zu sich nimmt, mit den Worten:

9. 喝到一口，真凉，胜似仙浆玉露。(S. 14)

It was quite cool and, of course, to me it was tastier than any nectar of the gods. (L 21)

Ein Trank, köstlicher als himmlischer Nektar und Jadetau! (K 18)

...il me sembia que la fraîcheur exquise devait surpasser celle de la célèbre Rosée de Jade, cet elixir des Immortels" (FP 26)

Der westliche Leser weiß ohne eine Hilfestellung des Übersetzers nicht, was Jadetau bedeutet, kennt nicht die Geschichte um den Han-Kaiser Wu, vor dessen Palast zwei gewaltige Skulpturen den Morgentau auffingen, der nach daoistischem Glauben die Unsterblichkeit versprach. Hier bleibt nur die Wahl zwischen einer umfangreichen Fußnote, die den Leser auf Dauer ermüdet und abschreckt, oder auf eine bildliche Brücke in die westliche Bilderwelt, wie sie mit "himmlischer Nektar" versucht wurde.

Ähnlich überfordert wäre der deutsche Leser mit der bloßen Nennung des Namens Epang-Palast, denn er ahnt nicht, für wen und für was dieses berühmte Gebäude steht, das dem Ersten Kaiser Chinas als Residenz diente und bis heute Sinnbild imperialer Macht geblieben ist. Schon die Verwendung eines einzigen interpretierenden Adjektivs wie "prächtig" kann diese Assoziation herstellen. Der Übersetzer muß es setzen, auch wenn es nicht im Original steht, oder anderweitig den Sinn des Namens erklären. Die französische Übersetzerin wählt eine interpretierende Umschreibung ("le palais légendaire du Premier Empereur de Chine"), während William Lyell es sich einfach macht und von der Taj Mahal spricht.

10. 我不能想象阿房宫是被黑泥抽水抱着的。(S. 63)

I can't conceive, for instance, of a Taj Mahal resplendent beneath a coat of black mud and foul water. (L 103)

Wenn sich Schmutz und Schönheit miteinander vereinbaren ließen, wäre mein Urteil vielleicht zutreffend gewesen, doch ich konnte mir den prächtigen Afang-Palast einfach nicht von Morast und Kloaken umgeben vorstellen! (K 68)

Pour moi, la crasse et la beauté sont incompatibles, et je ne puis m'imaginer le palais legendaire du Premier Empereur de Chine couvert de boue noire et entouré d'eaux croupissantes! (FP 96)

Spannend wird es auch, wenn der Text auf solch sehr chinesische Dinge wie Füchse bzw. Füchsinnen zu sprechen kommt.

11.我得替他看着这八个东西。没钱，没男子，一天到晚得看着这八个年轻的小妖精。(S. 80)

The responsibility for looking after these eight vixens has been entirely on my shoulders. I've no money, no man, and have to spend my days looking after these eight felinettes! (L 124)

Also muß ich mich um diese acht Biester kümmern! Ohne Geld und ohne Mann den ganzen Tag nur auf diese Kokotten aufpassen! (K 82)

...ces huit creatures de malheur! Je suis seule et sans le sou, et du matin jusqu'au soir, je dois surveiller ces sacrees petites renardes! (PF 116)

Daß hier die Symbolik völlig andersartig ist als im Westen, liegt auf der Hand, doch wie diese Bedeutung in die andere Sprache und den anderen Kulturkreis übertragen? Es ist offensichtlich, daß die verwitwete Botschaftergattin ihre ganze Verachtung in die beiden Schimpfwörter *dongxi* und *xiao yaojing* legt. Derlei Stellen stellen den Übersetzer immer wieder vor neue Herausforderungen.

Manchmal stößt man jedoch auch auf Ausdrücke, die sich der eigenen Sprache und Kultur glücklich anzuverwandeln scheinen. Als die Marskatzen zum Beispiel die Beinkleider des Erzählers bestaunen, fällt die skurrile Frage:

12. 贵国是不是分由裤子阶级，无裤子阶级呢? (S. 125)

One asked: "Does your honorable country have two classes, the trousered and the trouserless?" (L 196)

"Es gibt wohl in Eurem Land die Klasse der Hosenträger und die der Hosenlosen?" erkundigte sich der vierte. (K 127)

"Y a-t-il dans votre honorable pays deux classes sociales, celle qui porte des pantalons et celle qui n'en porte pas?" (FP 179)

Ich war damals stark versucht, die "Hosenlosen" mit Sansculotten zu übersetzen, verwarf den Einfall aber wieder, da mir kein geeigneter Gegenbegriff in den Sinn kam. Umso enttäuschter war ich, als ich dieser Tage auf die französische Übertragung sah: Sans-culottes und Avec-culottes hätte sicherlich viel schöner geklungen als das, was wir bei Madame François-Poncet finden.

Nr. 13 und 14: Erweiterung des Originals/Freiheit des Übersetzers?

13. 主义宰外国全是好的，到了我们手里全变成坏的。(S. 156)

In foreign countries -isms are all good, but once we get our hands on 'em, they all turn bad. (L 242)

Die -ismen haben im Ausland alle etwas für sich, aber in unseren Händen sind sie ein Danaergeschenk. (K 156)

...tous ces ismes qui sont si benefiques a l'etranger tournet-ils chez nous au vinaigre! (FP 218/9)

14. 对猫人我不愿再下什么批评。批评一块石头不能使它成为美妙的雕刻。(S. 169)

I didn't feel like criticizing the cat-people any more; criticism wouldn't turn a lump of stone into an exquisite piece of sculpture. (L 260)

Ich nahm mir vor, die Katzen nicht mehr zu kritisieren, denn selbst die beste Kritik macht aus einem unbehauenen Felsblock noch keine Venus von Milo. (K 167)

Je n'avais meme plus envie de critiquer les hommes-chats. D'ailleurs, est-ce en critiquant une pierre qu'on en fait une exquise sculpture? (FP 234)

Lassen Sie mich abschließend zusammenfassen: Die Übersetzung von sprachlichen Bildern ist eine der größten Herausforderungen an jeden Übersetzer. Die aufgezeigten Beispiele zeigen verschiedene Übersetzungsstrategien, ohne daß ich glaube, hier Patentrezepte an die Hand geben zu können. Eine vollkommene Entsprechung der Bilder ist in den seltensten Fällen möglich. Aber lassen Sie mich Ihnen zum Abschluß einen Satz vorlesen, den ich vor einigen Wochen gelesen habe und der mir im Gedächtnis geblieben ist. Mehr als viele Worte wird er Ihnen verdeutlichen, was ich meine mit dem Nachhall der Bilder, der uns immer wieder verfolgt und beglückt nach der Lektüre großer Literatur: "Und durch die einförmige Wüste des Lebens schleppte sich müden Schrittes die Karawane meiner leidvollen Gedanken." Wohl dem, dem solche Sätze glücken, und unserem Jubilar wünsche ich natürlich einen festen, elastischen Schritt über die blühenden Matten seines verbleibenden Lebens!

In den Strudeln des Rheins:
Hu Tous Roman *Chenfu Laiyinhe* und seine Schilderung der chinesischen Diaspora in Germersheim und Deutschland

Andreas Guder

Seit den 90er Jahren sind in der Volksrepublik China eine große Zahl sogenannter Auslandsstudien-Romane (留学文学 *liuxue wenxue*) erschienen, die sich bemühen, dem chinesischen Lesepublikum das chinesische Leben im westlichen Ausland nahe zu bringen. Diese Romane schildern primär das chinesische Leben in Nordamerika, jedoch sind auch einige Titel erschienen, die sich mit der erfolgreichen oder auch gescheiterten Sozialisierung in Europa befassen.

Bei dem im Folgenden referierten Buch "Chenfu Laiyinhe", dessen Titel ich mit „In den Strudeln des Rheins" wiedergeben möchte, handelt es sich um einen - wie fast alle Werke dieses Genres autobiographischen - Roman eines chinesischen Germanisten mit dem Pseudonym 虎头 Hutou ("Tigerchen", aber auch "vornehme Gesinnung") über seine Studienzeit in Deutschland in den Jahren 1990 bis 1992. Der Roman ist auch in China unbekannt geblieben (er erschien 1995 laut Verlagsangabe in einer Auflage von 5000 Stück), und der Verfasser ist nicht mit weiteren literarischen Werken an die Öffentlichkeit getreten.[1] Der Klappentext verrät über den Autor folgendes:

> "Hutou, geboren 1962 im Sternzeichen des Tigers, aus der Familie eines Bürgermeisters von Ya'an bei Chengdu. Hutou war der Kosename, den ihm sein Vater gab. Er studierte in Sichuan und Peking, erhielt 1990 ein staatliches Stipendium nach Deutschland und kehrte fristgemäß 1992 zurück. Er arbeitet heute immer noch als Hochschullehrer."

Bereits durch die Informationen "kehrte fristgemäß zurück" und "immer noch Hochschullehrer" wird der Autor dem chinesischen Publikum als ein Mann von integrem Charakter präsentiert, der sich trotz der von vielen ersehnten Gelegenheit zum Auslandsstudium weder dem Trend zur Auswanderung noch dem der Kapitalisierung in der modernen chinesischen Gesellschaft angeschlossen zu haben scheint.

Zur Einstimmung eine kleine Beschreibung des beschriebenen Studienortes in Deutschland:

---

[1] Hu Tou 虎头: Chenfu Laiyinhe 沉浮莱茵河. Beijing: Jiefangjun Wenyi Chubanshe. 1995.

> "Die Stadt *Tiantangdao* heißt auf Deutsch Paradiesinsel. Paradiesinsel ist eine kleine Stadt südwestlich von Frankfurt, zwischen Mannheim und Karlsruhe direkt am Rhein gelegen und von beiden etwa 50 Kilometer entfernt. Dort befindet sich das Institut für angewandte Sprachwissenschaft der Universität Mainz. Wir waren zu fünft vom Fortbildungszentrum der Pekinger Fremdsprachenhochschule entsandt worden, um hier einen Abschluss zu machen. Das Institut ist in der europäisch-amerikanischen Übersetzerwelt außerordentlich bekannt, sehr viele Studenten dort sind Ausländer (das heißt Nicht-Deutsche), und der Frauenanteil beträgt etwa 85%. So kann man sagen, dass es sich für männliche Studenten wirklich um ein Paradies handelte." (7)

Diese kleine deutsche Paradiesinsel (der Bezug zu Germersheim ist offensichtlich) dient Hu Tou nun als Hintergrund für seine Beschreibungen von Chinesen und Chinesinnen im Umfeld einer deutschen Hochschule, von denen in dieser Kleinstadt etwa 100 leben. Jedes der 20 Kapitel ist mit dem Namen eines chinesischen Protagonisten überschrieben, dessen Charakterzüge und Entwicklung während seiner Zeit in Deutschland das wesentliche Thema des jeweiligen Kapitels sind.

Über die Inhalte des Studiums erfährt man kaum etwas, die Handlung des Romans bezieht sich primär auf das Leben außerhalb der Hochschule und ist mit dem direkt auf der Frontseite des Buches platzierten Werbetext recht zutreffend wiedergegeben:

> "Ein mit zitternd-realistischer Feder verfasster autobiographischer Roman. Vom Gelben Fluss an den Rhein gekommen, leben 20 junge Chinesinnen und Chinesen voller Hoffnungen in Deutschland, wie die 'acht Geister (*ba xian*), die übers Meer ziehen, jeder mit seinen eigenen Fähigkeiten'. Unter ihnen gibt es diejenigen, die ihre Tugenden nicht vergessen und im fremden Land dem Wunsch verpflichtet sind, dem Wohl und Aufstieg des chinesischen Volks zu dienen, es gibt die Selbstzahler, die hart für jede Mark arbeiten müssen, und die, die für ein bisschen Boden unter den Füßen ihr Lächeln in Nachtclubs verkaufen... diese so unterschiedlichen Reisenden mit so verschiedenen Schicksalen und individuellen Erfahrungen lassen den Leser nicht nur mitfühlen, wie Lebensträume verwirklicht werden oder zerplatzen, sondern lassen ihn auch den kulturellen Zusammenprall von östlicher und westlicher Kultur und deren wechselseitige Durchdringung erfahren.
>
> Voller Humor, aber niemals würdelos, witzig und gelegentlich schwer verdaulich, und immer wieder Blitzlichter voller Weisheit."

Der Roman ist also ein Panoptikum chinesischen Lebens in Deutschland, ein Leben, das in erster Linie von der Suche nach Arbeit und Geld bestimmt ist. Deutlich wird von Anfang an, wie sehr jeder chinesische Student von oft schlecht bezahlten Jobs abhängt, und wie teuer ihn gleichzeitig jede Anschaffung in Deutschland kommt. Bereits im ersten Satz beschreibt der Ich-Erzähler, der sich 赵启荒 Zhao Qihuang nennt (lesbar als "der das Absurde erschließt"), seine Verzweiflung darüber, für die Ferienwochen keine einträgliche Arbeit gefunden zu haben:

> "Unter allen chinesischen Studenten in Deutschland war ich im August 1991 bestimmt der unglücklichste. Erst, als schon vier Wochen Ferien um waren, fand ich einen Job. Wenn man von 500 Mark Wochenlohn ausging, dann hatte ich bereits 7500 Yuan verloren." (1)

Der Ich-Erzähler Zhao Qihuang bleibt die zentrale Figur des Buches, und die Geschichten, die er von seinen Landsleuten erzählt, sind meist durch den Ort Paradiesinsel und einige immer wieder auftauchende Personen, vor allem jedoch durch die eigene Person miteinander verknüpft. Unter den 20 Protagonisten, denen jeweils ein Kapitel gewidmet wird, gibt es beispielsweise...

die Geschichte vom gut aussehenden Xu, dem es nach Jahren endlich gelingt, eine deutsche Studentin zu heiraten.

den bereits vierzigjährigen, immer noch als Student eingeschriebenen Kommilitonen Xie, der von schwerer körperlicher Fabrikarbeit leben muss, nicht krankenversichert ist und immer weiß, wo es gerade Geld zu verdienen gibt.

den reichen Studienfreund, der einen gerade billig erstandenen Gebrauchtwagen ohne Kennzeichen am Straßenrand abstellt und sich bei Erhalt der Strafanzeige dafür entscheidet, anstatt 500 Mark Strafe zu zahlen für eine Woche in die Justizvollzugsanstalt zu gehen.

den Maulhelden Zhuo, wegen Einschlafens aus der Arbeit geworfen, der daraufhin damit droht, dass sein Vater ein hoher politischer Kader in China sei, aber "die Deutschen verstanden das nicht". Als er jedoch droht, den Abteilungsleiter wegen Rassismus zu verklagen, entschuldigt sich die Firma und stellt ihn wieder ein.

die Kommilitonin aus Hangzhou, die einen Deutschen heiratet, aber in China verlobt ist, und die erst, als ihr Baby zur Welt gekommen ist, an dessen Physiognomie erleichtert erkennt, dass ihr Mann der Vater des Kindes ist.

die in China promovierte Germanistin, die die in Deutschland erforderliche Sprachprüfung nicht besteht, einen wohlhabenden Deutschen heiratet und sich in China gegenüber ihrer Familie als erfolgreiche Karrierefrau präsentiert.

die ehrgeizige und charakterstarke Kommilitonin Fei, die beschließt, so günstig wie nur irgend möglich zu leben und sich daher auf dem Papier zum

Katholizismus und zur Verbreitung des katholischen Glaubens bekennt, um im katholischen Studentinnenheim wohnen zu dürfen.

den älteren Kommilitonen Xu, der sich geschworen hat, während seiner Studienzeit 100 deutsche Frauen ins Bett zu bekommen.

den Künstler Qu, der Peking durch seine Ehe mit einer deutschen Sinologiestudentin verlassen konnte und nun als Gabelstaplerfahrer seiner Frau das Studium finanziert, die er gleichzeitig betrügt und als "Kröte" bezeichnet. Er muss fünf Jahre Ehe durchhalten, um die deutsche Staatsbürgerschaft zu erreichen.

den reichen Liu, der im Lotto 200 000 DM gewonnen hat ("alle Chinesen in Deutschland spielen Lotto") und daran verzweifelt, dass alle chinesischen und westlichen Frauen ihm nur wegen seines Geldes hinterher laufen.

den einsamen Taiwaner Zhao, der sich schließlich als Liebhaber einer mit einem Deutschen verheirateten reichen Chinesin in Stuttgart aushalten lässt.

die erst 18jährige naive Ling, die auf dunklen Kanälen nach Deutschland geschleust wurde und davon träumt, Juristin zu werden. Sie stellt schnell fest, dass sie dieses Ziel nie erreichen wird, und kommt relativ rasch bei einer deutschen Familie unter, weil die Hausherrin sie zur künftigen Ehefrau des schwierigen und eigenbrötlerischen Sohnes auserkoren hat.

Leitmotiv ist also das Leben und Leiden der Chinesen im vermeintlich gelobten Land des Westens fernab der Heimat, wo jeder auf seine Weise durch die Widrigkeiten des kalten, vom Geld regierten bundesrepublikanischen Wirtschaftssystems und des dortigen Liberalismus mehr oder wenig unmoralisch handelt oder in der einen oder anderen Weise dem System zum Opfer fällt.

"Ich dachte immer, ich wäre ein sehr moderner, aufgeschlossener Mensch und hätte schon alles gesehen. Aber als ich nach Deutschland kam, musste ich feststellen, dass ich immer noch ein Kindergartenkind war." (71)

Hu Tou übt keine direkte Kritik am Verhalten seiner Landsleute, sondern überlässt dem Leser die Bewertung. Einigen Landsleuten zollt der Autor auch Bewunderung und Respekt, wie zum Beispiel

Niu, der von seinem Vater in Russland wegen krummer Geschäfte verstoßen wurde und der in Tiantangdao noch einmal ein neues Leben beginnt, mit enormem Fleiß Deutsch lernt, schließlich sogar seine Frau nachholen kann und sich ein neues Leben aus dem Nichts aufbaut

dem promovierten, aber von China desillusionierten Kernphysiker Li Ming, der in der Kulturrevolution aufs Land verschickt wurde, eine Uigurin heiratete, und der jetzt so lange im China-Imbiss in Heidelberg arbeitet - zum Teil dabei auch Geld seines ausschließlich Golf spielenden deutschen Chefs unterschlägt -

bis er seine ganze Familie aus China holen und mit ihnen nach Kolumbien ziehen kann

der Kommilitonin Xia aus Taiwan, die sich nicht von einem deutschen Kollegen im Auto mitnehmen lässt, der rassistische Äußerungen von sich gibt

der Malerin Chu, die davon lebt, auf dem Kurfürstendamm Porträts zu zeichnen, um irgendwann einmal ihren Traum von künstlerischer Freiheit zu verwirklichen.

Die meisten der biographischen Kapitel wirken recht konstruiert, so manches kann sich nach unserer Kenntnis von Deutschland in dieser Form nicht abgespielt haben, und gelegentlich spielt der Zufall eine entscheidende Rolle, um ein Kapitel zu einem pointierten Ende zu bringen.

Auch wenn eine - vom westlichen Rezipienten erwartete - Distanz zwischen Autor und Ich-Erzähler nicht erkennbar wird (und auch alle biographischen Angaben Zhao Qihuangs mit den im Klappentext beschriebenen des Autors vollkommen übereinstimmen), stellt der Ich-Erzähler sein Alter Ego nicht ohne Eitelkeit als originell und geistreich dar, als gebildeten Kenner der klassischen chinesischen Literatur, als extrovertierten Disco-Tänzer, vor allem aber als jemand, dem es gelingt, Sitte und Anstand im Sumpf des kapitalistischen Europa zu bewahren. In der Art und Weise, in der Hu Tou alias Zhao Qihuang das Leben seiner Landsleute darstellt, sich als erschütterter Beobachter dessen, was sich hier, fern der Heimat, unter den Chinesen abspielt, sich selbst jedoch als moralisch integer beschreibt, stilisiert er sich zum besseren Menschen: Er ist es, der festgehalten werden muss, um nicht auf einen deutschen Rassisten einzuschlagen, er nimmt einen mittellosen Landsmann bei sich auf, prügelt sich mit einem arroganten Japaner, gibt sich als Triadenmitglied aus, um eine Kommilitonin zu retten, und spendet ihm nicht zustehendes Geld für die Flutopfer in Anhui. Sein Wiederbetrügen eines in betrügerischer Absicht Geld wechselnden Vietnamesen wird ebenfalls als Heldentat gezeichnet. Zhao Qihuang beschreibt als Außenstehender die von seinen Landsleuten entdeckten Möglichkeiten, das bundesdeutsche System auszunutzen oder bei Prüfungen zu betrügen. Allerdings lässt auch er sich vorsätzlich krank schreiben, um noch Arbeitslohn zu bekommen und gleichzeitig seine Pflichtseminare im Studium zu besuchen. Dabei wird er niemals müde, seinen von der kapitalistischen Realität der Bundesrepublik Deutschland gebeutelten Kommilitonen ein Mao- oder auch Zhuangzi-Zitat zur Ermutigung mit auf den Weg zu geben.

In der Sprache, die Hu Tou benutzt, gehen ein gemäßigt literarischer Stil und moderne Alltagssprache eine recht gelungene Verbindung ein, die auch nicht eines gewissen ironischen Witzes und Sarkasmus entbehrt:

> "Es hätte nicht viel gefehlt, und ich hätte mir ein Schild um den Hals gehängt: Lieber Kapitalist, bitte komm und beute mich aus!" (243)

Er gibt sich angesichts der multikulturellen Bewohnerschar seines Wohnheims als welterfahrener Kosmopolit:

> "Ich wusch mich und putzte die Zähne, und bat Jesus, Buddha und Mohammed, dass es aufhören möge, zu regnen." (166)

> "Danach kaufte ich mir einen Döner und verschlang ihn dermaßen gierig, dass alte Damen mich wie einen Flüchtling ansahen; ich lächelte und sagte Sayonara, sayonara." (249)

Es gelingt ihm aber auch, Stimmungsbilder zu zeichnen:

> "Weihnachten ist wie das Frühlingsfest bei uns Chinesen. Aber für ausländische Studenten sind es die traurigsten, am wenigsten einem Fest ähnelnden Feiertage. An Weihnachten gehen die Ausländer mit Hochgefühl zum Fest, die Chinesen verschicken zwar eifrig an alle ihre Freunde Weihnachtskarten, aber in ihrer Seele ist zu lesen: Heute ist nicht unser Fest." (58)

Gelegentlich werden auch Zweifel und Kritik an China und seinen Traditionen deutlich: Angesichts der Aktivitäten, die eine junge Deutsche schon wenige Tage nach der Geburt ihres Kindes wieder entfaltet, fragt sich der Autor nach der Sinnhaftigkeit der Tradition des einmonatigen Kindbetts in China. Eine mit einem Deutschen verheiratete Chinesin sagt zu Weihnachten: "Ich gehe nicht gerne in die Kirche. Ich finde ihre Verehrung für Gott noch idiotischer als unsere Verehrung für Mao Zedong." (56)

> "Bevor ich nach Deutschland kam, habe ich natürlich jeden gefragt, wie es dort sei, aber die Antworten blieben immer sehr vage. Und ich schimpfte auf die unkonkreten, wenig hilfsbereiten Äußerungen. Als ich zurückkam, ging es mir jedoch genauso – ich konnte wenig konkrete Tipps geben. Es gab nur zwei wichtige Anmerkungen: zum einen sollte ich viel Kleidung mitnehmen. Die andere Warnung war, nicht ständig allen Chinesen helfen zu wollen, die mir begegnen. Wenn du in Deutschland einen Chinesen siehst, ist dein erster Gedanke nicht 'Oh, wie schön, ein Landsmann', sondern ‚Schon wieder einer. Hoffentlich will der nichts von mir!'" (300)

Der in komplementärer westlicher Literatur häufig aufscheinende Exotismus, die Sehnsucht nach der vermeintlichen "Natürlichkeit" einer fremden Zivilisation, eine Suche nach Utopia, existiert hier nicht; hier steht im Gegenteil die

Demaskierung der vermeintlich fortschrittlichen westlichen Zivilisation im Vorderrund.
Zwar spielen in den meisten Kapiteln intime Beziehungen der Protagonisten eine zentrale Rolle, jedoch findet sich keine Spur von den in komplementären westlichen Chinabeschreibungen so häufig vorkommenden Attributierungen wie "geheimnisvoll", "unergründlich", die in der Literaturwissenschaft auch gelegentlich im Sinne sexueller Wunschvorstellungen interpretiert werden. Hu Tou beschreibt die zwischenmenschlichen Beziehungen, die das Leben aller beschriebenen Personen prägen, in einer dem deutschen Leser sehr sachlich-nüchtern erscheinenden Weise, in der er auch mehrfach deutlich seinen eigenen Machismo durchscheinen lässt:

> "Als ich das strahlende Lächeln auf Lius und Herrlichs Gesicht sah, dachte ich, wenn es jemanden gibt, der einen Deutschen aus Liebe geheiratet hat, dann ist es Liu." (55)

(Liu entpuppt sich später als ausgesprochen berechnende Frau, deren große Liebe - ein Chinese - zwischen Paris und Shanghai lebt.)

> "Ich beobachtete Barbara sehr genau. Ich muss zugeben, dass ich sie sehr mochte. Sie hatte nicht den starken, strengen Charakter, den europäische Frauen normalerweise haben, sie sprach mit sanfter Stimme, bewegte sich leichtfüßig, hatte ein hübsches Gesicht, sie war, wie wir sagen, aus dem Wasser geboren. Und sie hatte noch eine Besonderheit: Sie rauchte nicht.
> Dass die europäischen Frauen rauchen, kann man ein öffentliches Ärgernis nennen. Ich bin ein Amphibium zwischen modernem Verhalten und feudalen Gedanken. Ich habe immer das Gefühl, eine Frau kann noch so schön sein, wenn sie raucht, dann muss ich mich verdrücken. Ich stehe dazu, dass unter meinen Bekannten nicht eine war, die geraucht hätte, und das war auch ein wesentlicher Grund, warum ich Ballaballa so angenehm fand." (43)

(Hu Tou wechselt zwischen der üblichen und dieser die chinesische Aussprache verballhornenden Schreibung des Namens Barbara.)

Auch wenn der Ich-Erzähler mehrfach selbst in Versuchung geführt wird und sein Interesse an Frauen ausgesprochen deutlich artikuliert (seine eigene Frau in China wird nur ganz am Rande, wenngleich durchaus positiv erwähnt), lässt er sich nie auf eine intime Beziehung ein. Dies hindert ihn jedoch nicht, seinen neugierigen Besuchen eines Bordells, von Striplokalen und eines Sexshops (die er alle nur betritt, um Freunden einen Gefallen zu tun oder sogar aus einer

Verlegenheit zu helfen) mehrere Seiten zu widmen, nicht ohne die grotesk überzeichneten Folgen der sexuellen Freiheit in Deutschland zu rügen:

In einer Stripteasebar fliegt ihm ein Tanga auf den Schoß, für den ihm ein neben ihm sitzender Deutscher sofort 150 Mark bietet.

Zwei mit einem Freund in einer Diskothek angesprochene deutsche Mädchen entpuppen sich, in der Privatwohnung des chinesischen Freundes angekommen, als Sadistinnen mit den entsprechenden Utensilien im mitgebrachten Koffer; der Held kann gerade noch durch das Toilettenfenster fliehen, sein Freund und Gastgeber zeigt am nächsten Tag deutliche Misshandlungsmerkmale.

Eine kein Wort Deutsch sprechende gerade zugezogene Chinesin lebt davon, die Kinder der Studentinnen tagsüber zu betreuen:

> "In Deutschland ist die Einmischung in das Leben deiner Kinder ungesetzlich, wenn diese über 18 sind, und Kinder können ihre Eltern verklagen. Eltern dürfen nur noch "Vorschläge" machen. (...) Wegen dieser bourgeoisen Liberalisierung haben deutsche Studentinnen häufig Kinder, manchmal sogar keinen Vater dazu. Denn manchmal sind die Frauen der Ansicht, sie bräuchten ein Kind, aber keinen Mann." (274)

Die stärksten Emotionen zeigt der Ich-Erzähler Qihuang im auch insgesamt facettenreichsten vorletzten 19. Kapitel, das in Berlin 1990 spielt, wo Qihuang für ein paar Ferienwochen einen Fabrikjob vermittelt bekommen hat, und das im Folgenden exemplarisch zusammengefasst werden soll:

Den Porträtmalern auf dem Breitscheidplatz in Berlin bei der Arbeit über die Schulter zu sehen ist eines der wenigen kostenlosen Vergnügungen des mittellosen Qihuang, denn sie malen ausgezeichnet. (Zitat: "Ich kann das beurteilen, denn ein paar langhaarige Freunde an der Pekinger Kunstakademie haben meinen Kunstverstand geschult" - 278) Neidisch beobachtet Qihuang, wie man hier mit etwas Talent siebzehn Mark in 20 Minuten verdient, und seufzt, wie ungerecht die Welt sei. Die Künstlerin hört es, sie heißt Chu Weihong, und sie kommen ins Gespräch. Als er kurze Zeit später beobachtet, wie sie von zwei großen Schwarzen (!) um ihr Geld geprellt wird und niemand der Umstehenden hilft, greift zwar auch er angesichts der Muskelpakete nicht ein, hält aber ein Polizeiauto an, und die zwei werden festgenommen. Ein Stock schlägt nieder, das Martinshorn tönt laut.

Chu ist vor der Polizei geflohen, denn sie besitzt nur ein Touristenvisum. Qihuang läuft ihr hinterher und bringt sie an ihre Haustür nach Moabit, wo sie wohnt. "Im Englischunterricht habe ich einen Aufsatz von Gregory Peck gelesen: Wenn du eine Frau erobern willst, bring sie nach Hause, später lädst du

sie zum Kaffee ein, und dann kann sie dich nicht mehr so leicht loswerden."
(281)
  Sie geraten in Moabit in ein leeres Bierlokal, die Bundesliga tönt im Hintergrund. Chu erzählt, sie war Studentin der Pekinger Kunsthochschule und habe dort lange versucht, nach Amerika zu gehen, was ihr aber nicht gelungen sei. Um der Familienenge zu entfliehen, hätte sie jeden Westler geheiratet, und bald hatte jemand für sie einen Mann gefunden: einen gutmütigen, aber faulen holländischen Philosophiestudenten. Mit dem Ehezeugnis in der Tasche beschloss sie, zunächst nach Berlin, Paris und New York zu gehen, nach Holland zu ihrem Mann könne sie später immer noch. Qihuang:

> "Ich war fassungslos. Von einem Moment zum anderen war meine ‚Held wirbt um schöne Frau'-Rolle bedeutungslos geworden. Im Grunde war ich ja letztlich doch nur des verfluchten Geldes wegen nach Berlin gekommen. Aber sie, sie kam allen Ernstes wegen der Kunst." (283)

Als er sie fragt, ob ein solches Leben nicht einsam wäre, zitiert sie ein frühes Gedicht von Mao Zedong:

> 孩儿立志出乡关，学不成名誓不还，
> 埋骨何须桑梓地，人生无处不青山。
> *Hái'ér lìzhì chū xiāngguān , xué bù chéng míng shì bù huán ,*
> *máigǔ héxū sāng zǐ dì , rénshēng wúchù bù qīngshān.*
>
> Das Kind ist fest entschlossen, die Heimat zu verlassen
> und schwört, nur mit Ruhm und Ehre zurückzukehren
> es ist nicht nötig, in der Heimat bestattet zu werden
> der Mensch kann überall sein Fleckchen finden.

Dieses unvermittelt in Berlin zitierte Mao-Gedicht ruft dem Erzähler das tragische Schicksal von Bai Xue, der Protagonistin des 17. Kapitels, in Erinnerung, und zum einzigen Mal im Roman steigen ihm Tränen in die Augen, wodurch dieser Abschnitt in seiner Verbindung von Heimatgefühlen und den im folgenden beschriebenen Demütigungen zum pathetischsten des Buches wird. (283ff.)
  Bai Xue, eine offensichtlich zu Geld gekommene chinesische Tänzerin, hatte ebenfalls mit dem Helden in Berlin einige Tage verbracht und sich sehr für ihn interessiert. Auf einem Ausflug mit Fabrikkollegen ins Berliner Nachtleben hatte er jedoch entdeckt, dass sie ihr Geld als Stripperin in einem Nachtklub verdiente, und sich von ihr abgewendet. Das Kapitel endet ausgesprochen sarkastisch: Zurück in China, sieht er sie wieder als aus Europa heimgekehrten gefeierten Popstar im Konzert. Sie singt: "Zuguo a, muqin!" (Heimat, meine Mutter!).

Nachdem sich Chu Weihong und Zhao Qihuang am nächsten Abend am Brandenburger Tor treffen und Qihuang sich dort ein Stück aus der noch nicht lange geöffneten Mauer geklopft hat, schlägt sie vor, im Palast der Republik essen zu gehen (den er schöner als jedes Gebäude Westberlins findet). Man kann dort noch billig für Ostmark essen, und es entspinnt sich folgende Diskussion:

"Berlin hat viele Museen, aber mit jedem Museumsbesuch reduzierte sich meine Freundschaft mit Deutschland. In jedem bedeutenden Museum fand ich chinesisches Porzellan und andere Kunstgegenstände, aber nur in zwei Museen war vermerkt, dass es sich um Geschenke der chinesischen Regierung handelte. Anders gesagt, den Rest hatten sich die Vorfahren dieser feinen Leute hier in China unter den Nagel gerissen. Aber das Hauptproblem, was hier allerorten diskutiert wurde, war immer noch, warum sich die heutigen Deutschen, die den Zweiten Weltkrieg nicht erleben mussten, immer noch die Bürde der Vernichtung der Juden durch Hitler ertragen müssten.

Dazu habe ich einiges zu sagen. Warum ertragen sie so mit offensichtlicher Freude die Bürde all dieser gestohlenen Gegenstände in ihren Museen?

Chu Weihong war nicht einverstanden. Hier wären diese Dinge doch gut aufgehoben - wenn sie in China gewesen wären, wäre in der Kulturrevolution doch alles zerschlagen worden. Kunst habe keine Grenzen und sei Erbe der gesamten Menschheit.

Das wäre immer noch besser, als sie hier in Deutschland zu sehen, rief ich. Du bist ja eine Vaterlandsverräterin!

Das war kein erfreuliches Gespräch, aber mit jemandem zu streiten ist immer noch besser, als Selbstgespräche zu führen." (290f.)

Als sie eines Nachts nicht wie gewöhnlich anruft, kann er nicht schlafen. Mitten in der Nacht steht sie völlig aufgelöst vor seiner Tür. Als er erfährt, was geschehen ist, muss Qihuang sich übergeben:

Chu möchte ihrer Familie Geld zukommen lassen. Schließlich hat sie einen Ausländer geheiratet und schickt trotzdem kein Geld. Sie verdient aber nicht genug als Straßenmalerin, um etwas zu sparen, weshalb sie als Aktmodell für einen pensionierten Manager arbeitet, der ihr 300 Mark für einen Vormittag gibt. Nach einer Ohrfeige schien er sich auch ihren Regeln anzupassen und berührte sie nicht mehr. In dieser Nacht bot er ihr jedoch zweitausend Mark. Sie wusste, das er impotent war, und jede Art von Gewalt wurde vorher ausgeschlossen. Sie lehnte nicht ab, weil sie mit den 5000 Mark, die sie dann besäße, ihre Schulden abzahlen und ihre Familie unterstützen könnte. Sie willigte ein, weil es ihr die Chance fürs Leben zu sein schien, woraufhin sie sich fünf Stunden lang am ganzen Körper ablecken lassen musste.

Nach einer langen Dusche sitzt Chu im Handtuch auf Zhao Qihuangs Bett und sagt: "Alles ist falsch, Liebe, Geld, Macht, alles löst sich in Nichts auf, nur die Kunst ist echt. Für die Kunst tue ich alles." (294)

Qihuang erzählt ihr von Zhuangzis Ansicht, dass nichts wertvoller sei als das menschliche Leben. Aus der Sicht des Getöteten sei es egal, wessenthalben er getötet wurde, ob er gestohlen hatte oder weil er ehrlich war. Also sei nichts es wert, dass man sein Leben dafür opfere.

"Aber das bedeutet doch bourgeoise Demokratie? fragte sie erschreckt.
Das ist nicht dasselbe, die bourgeoise Demokratie ist eigentlich nichts Besonderes. Die hatten wir in China schon vor Jahrtausenden, als die Europäer noch auf Bäume kletterten."

Chu lächelt und stößt mit ihm an. "Auf die Vergangenheit. (...) Du solltest wirklich meinen Mann kennen lernen. Ihr würdet euch bestimmt gut verstehen." (295)

An seinem letzten Tag in Berlin lädt er sie zum Essen ein, weil sie ihm die lehrreichsten Wochen in Deutschland beschert hat. Durch sie habe er wieder Vertrauen ins Leben gefunden, da sie ihm bewiesen habe, dass es auch Chinesen gebe, die nicht nur nach Deutschland kämen, um Geld zu verdienen. Er vergleicht sie mit Pan Yuliang, der ersten chinesischen Künstlerin, die im Westen studierte (1899-1977), und benutzt das Adjektiv *congming* hier in einer Weise, die m. E. nicht mit "klug", sondern eher mit "schlau" wiederzugeben ist:

"Weihong, ich bin zu schlau, um so wie du einer Sache nachzulaufen. Aber die großen Dinge werden von nicht so schlauen Menschen vollbracht, wie du eine bist. Die schlauen Menschen denken zu sehr an sich selbst, deshalb kriegen sie nichts zuwege." (296)

In dem Karton, den er von ihr zum Abschied bekommt, findet er ein golden-neonfarbenes Windspiel, das er zu Hause in Peking an die Decke hängt, ohne seiner Frau dessen Herkunft zu verraten. Das Kapitel endet mit dem Satz:

"Mach weiter so, Chu Weihong, in 30 Jahren werden dir alle die Superreichen ihre Dollar für deine Bilder zu Füßen legen. Dann komme ich bestimmt zu dir." (296)

Über diese Romanze hinaus behandelt Hu Tou in diesem Kapitel auch kritisch die ersten freien Wahlen in der DDR, Lothar deMaiziere als Marionette Helmut Kohls, den Hass der Ostdeutschen auf die Vietnamesen und einige weitere deutsch-deutsche Aspekte des Jahres 1990, ohne jedoch die Hintergründe der "friedlichen Revolution" selbst direkt anzusprechen. Durch die Situierung in Berlin, das Mao-Zitat, die Tränen des Erzählers und seine Zuneigung zu der Hauptdarstellerin werden so im 19. und damit vorletzten Kapitel die zentralen Aussagen des Romans noch einmal in Richtung auf die bereits vorher mehrfach angeklungene Gefahr gebündelt, als Chinese im westlichen Ausland seine Würde opfern zu müssen, der nur durch eine starke Persönlichkeit widerstanden werden kann.

Wie um seine eigene literarische Qualität unter Beweis zu stellen, beschreibt Hu Tou im 20. und letzten Kapitel den eigenbrötlerischen Kommilitonen Hao, der ein großer Schriftsteller werden möchte: Hao will ein zweites *Hongloumeng* schreiben, in 3000 Jahren als *Haozi* überliefert sein. Sein Bildschirmschoner fragt ihn ständig: "Hao Side, bist du ein berühmter Schriftsteller geworden?" Der sprechende Arbeitstitel seines Opus maximum lautet 欧罗巴血色黄昏 *Ouluoba xuese huanghun* "Europas blutrote Abenddämmerung". Man schwadroniert über den Zusammenhang von Libido und Kreativität, weil fast alle großen Literaten mehrere Frauen hatten. Die nackte spanische Studentin, die plötzlich aus dem Bad kommt, bestätigt Qihuang jedoch darin, dass Hao es bei aller Kulturkritik vor allem darauf abgesehen hat, die Frauen zu erforschen.

Haos Schreibversuche sind schlecht, "als Literaturliebhaber müsste ich ihm die Todesstrafe geben". Auch das Manuskript, das Hao Side Zhao Qihuang an einen Pekinger Verlag mitgibt, empfindet Qihuang als literarische Katastrophe, weil darin die Anstrengung des Autors zu spüren ist, und er wirft es ohne schlechtes Gewissen in den Papierkorb, weil er Platz in seinem Gepäck braucht, um seinen Kusinen Kosmetika und Parfums mitzubringen. Aus Peking schreibt er, es sei in der Redaktion verloren gegangen.

Auch der letzte Satz des gesamten Buches bezieht sich auf Haos Ambitionen:

> "Vielleicht wird er ja doch einmal berühmt. Die Welt der Literatur kennt noch mehr Zufälle als der chinesische Fußball." (313)

Auch wenn der Autor dem Alltag in Deutschland in einigen Details durchaus Positives abgewinnen kann – er beschreibt nicht ohne Bewunderung die Schnelligkeit der deutschen Polizei oder die Effizienz von Haustürklingeln –, bleibt die Kritik an der kapitalistischen deutschen Gesellschaft zentrales Thema des Romans, was ich abschließend durch einige Schlaglichter illustrieren möchte:

> "Aber Deutschland ist ein industrialisiertes Land. Das bedeutet, dass sich jeder als ein Rädchen in der Maschine betrachtet und sich so schnell wie

die gesamte Maschine dreht. Wenn du aber Gedichte lesen oder selbst dichten willst, wenn du außer an Geld auch noch an etwas anderes denken willst, dann bist du noch nicht 'industrialisiert'". (215)

"Weißt du, in dieser finsteren kapitalistischen Gesellschaft hast du erst Geld, wenn du Arbeit hast, und erst, wenn du Geld hast, bist du ein Mensch." (268)

"Der Sportplatz (der Hochschule) verkörperte voll und ganz die Liberalisierungen des Kapitalismus. Außer einer runden Laufbahn war alles in der Mitte eine naturbelassene Wiese, auf der sich ab und zu kleine Büsche erhoben, was zur Genüge ausdrückte, dass die hiesigen Studenten keinen Frühsport machten. Die wesentliche Funktion dieser Wiese war die, den jungen Leuten als Liegefläche zu dienen, um ihren Speck in der Sonne zu bräunen." (10)

"In China hasse ich es, wenn einen ständig Leute um Hilfe bitten, daher mochte ich es auch nicht, jemandem einen Gefallen zu tun, wenn es nicht unbedingt sein musste. Wenn dich aber in Deutschland jemand um Hilfe bittet, ist das eine gute Sache, denn es gibt Geld dafür, schon 10 Mark für eine Stunde. So hatte ich in Deutschland ein bisschen das Gefühl, mich in einen Lei Feng zu verwandeln, weil ich ständig auf der Suche nach einer Gelegenheit war, Menschen zu helfen." (79)

Über den Berliner Ku'damm erfahren wir nebenbei, dass er unter Chinesen mit Vorliebe 裤裆 *kudang*, also "Hosenschritt" genannt wird:

"Es war besser als herumhängen, aber eigentlich hasste ich Schaufensterbummel. Der Luxus machte mich ärgerlich. Wenn Lenin hier auf dem Ku'damm stünde und winken würde, würde ich ihm folgen und den ganzen kaputten Hosenschritt (*Kudang*) platt machen." (280)

"Die jungen Menschen heute profitieren immer mehr von der Homogenisierung der Kulturen. Es kann durchaus sein, dass ein junger Chinese keinerlei Ahnung hat, wer oder was Kong Rong (孔融) oder Jiang Lang (江郎) ist, aber er kennt Madonna und Michael Jackson. Irgendwann werden Chinesen und Amerikaner nur noch „Jackson" zueinander sagen müssen und die Daumen hochhalten, und dann werden sie in stillem Einverständnis Hand in Hand zu McDonalds gehen." (213)

Die Botschaft ist deutlich: Chinesen werden – als Individuen wie als Nation – davor gewarnt, den vermeintlichen Verlockungen des Westens und der mit ihnen einhergehenden US-amerikanisch dominierten Globalisierung anheimzufallen. Einem Kommilitonen wird folgender Satz in den Mund gelegt:

> "Wir sind hier, um zu lernen, nicht, um zu genießen. Warum glauben immer alle Leute, so wie die Deutschen sein zu müssen? Warum vergessen sie ihre Hautfarbe? Sie imitieren sklavisch andere." (154)

Das in diesem Zusammenhang verwendete Chengyu 邯郸学步 *Hándān xué bù* steht für das blinde Anbeten einer fremden Mode (hier das Imitieren der eleganten Gangart der Bürger von Handan).

> "Der Dozent war noch nicht da, aber die Studenten waren alle schlachtbereit. Bald lernte ich, dass man in Deutschland immer zwei Stunden hintereinander hat, 90 Minuten ohne Pause. Wenn man zum Ort der Wiederkehr der fünf Getreidesorten wollte, musste man um Erlaubnis fragen. Manchmal, wenn zwei von einem Studenten gewählte Stunden miteinander kollidierten, verließ er den Unterricht eine halbe Stunde früher. Manche strickten, manche aßen Brot, manche schwatzten und verwandelten den Unterrichtsraum in einen Bauernmarkt.
>
> Grob betrachtet, ist Unterricht in Deutschland also sehr liberal. Aber wenn Prüfungen anstehen und du nicht mehr als 59 Punkte erreichst, hast du das auch verdient, und kein Dozent rührt einen Finger für dich. Ich war in China Student und Dozent, ich weiß, wie sich Dozenten in China bis zur Erschöpfung bemühen, die Studenten zum Lernen anzuspornen und selbst Noten aufwerten, um die Studenten durch die Prüfung kommen zu lassen. Wenn man das vergleicht, möchte ich lieber in China Student sein." (157)

Chinesischer Nationalismus und Heimatliebe werden auch an anderer Stelle drastisch beschworen:

> "Ich habe einen Freund mit einem eisernen Charakter, der sagte lachend, bevor er nach Japan ging: Was soll ich wehmütig ans Frühlingsfest denken, wenn ich in die Welt ziehe? Stimme des Kleinbürgers! Kurz vor Weihnachten 1991 erhielt ich einen Brief von seinem Bruder, er sei in Tokyo von einem Kaufhausdach gesprungen und hätte auf einem Zettel nur einen Satz hinterlassen: Mama, ich habe Heimweh." (56)

Der diesem System zum Opfer gefallenen Bai Xue legt Hu Tou folgende Worte in den Mund:

> "Im Ausland sind wir Chinesen alle gleich. Die Konkurrenz ist gerecht. Ich habe viele Jahre vom Staat gelebt, bis ich es über hatte. Ich dachte, was muss der Staat sich um alles kümmern? Erst im Ausland merkte ich, dass es auch seinen Vorteil hat, wenn sich jemand um dich kümmert. (...) Im Inland fangen sie jetzt an, die Marktwirtschaft zu entwickeln, jeder glaubt, er sei der Größte, und verlieren würden nur die anderen, aber es sind genau die, die verlieren." Aber sich selbst zu erproben, sei doch auch gut, wendet Qihuang ein. "Wenn du einmal gehungert hast und dir niemand geholfen hat, wirst du das anders sehen." (248)

Kommilitonen aus Taiwan werden gemäß der offiziellen Linie als abgefallene Landsleute vereinnahmt, und es finden sich bei Hu Tou auch entsprechende Exkurse über Taiwans sogenannte "Scheindemokratie" und seine Westorientierung, darunter auch ätzende Sätze wie:

> "Mein Eindruck ist, dass taiwanische Studenten hinsichtlich klassischer Literatur etwa das Niveau unserer Neuntklässler haben - vielleicht hat das damit zu tun, dass Taiwan bereits zu einer modernen Kulturgesellschaft geworden ist." (230)

Die Kritik am westlichen System wird allerdings teilweise durch für den mit Deutschland vertrauten Leser groteske Übertreibungen überhöht, und bei aller gelegentlichen Sympathie für solche tendenziösen pointiert-zynischen Beobachtungen der deutschen Alltags erstaunt den deutschen Leser gleichwohl die immer wieder aufscheinende Indifferenz, ja Ignoranz gegenüber der deutschen Kultur und Gesellschaft, die Subsumierung des Fremden unter das Eigene, die der Autor oft in ganz banalen Beschreibungen offenbart:
So wird 23. Dezember wie der letzte Tag des chinesischen Mondjahres beschrieben, an diesem Tag gingen die Deutschen nicht nur in die Kirche, es würden auch Feuerwerkskörper gezündet. Die Restaurants müssten laut deutschen Gesetzen über die Weihnachtstage geschlossen bleiben. Oder:

> "Das Stadttor lag ein wenig östlich des Zentrums von Paradiesinsel und war im Grunde nur ein langgestrecktes Gebäude aus großen Steinen, ein Relikt eines von irgendwelchen Römern gegen die von Norden einfallenden Germanen errichteten Mauerstücks. Die Geschichte Deutschlands ist kurz. Oft wird eine drei- oder vierhundert Jahre alte kleine Kirche wie eine alte Sehenswürdigkeit geschützt. Wenn ich erzählte, dass man in Peking unter jedem Klo 1000 Jahre alte Kulturgüter ausgräbt, glaubte mir erstaunlicherweise keiner. Obwohl die Geschichte dieses Stadttores so kurz war, wurde es doch als Landeskulturdenkmal bezeichnet und eine mahnende Tafel aufgestellt." (80/81)

> "Der größte Nachteil des christlichen Wohnheims waren die Kirchenglocken. Diese Glocken konnten nach was weiß ich für einer christlichen Regel ein bis zwei Stunden lang schlagen." (112)

Ein Postbote spricht ihn mit "Herr Chinese" an und bringt ihm ein Paket, das für einen anderen Chinesen in einer anderen Straße bestimmt ist: "Die Deutschen brachten oft chinesische Personen- und Familiennamen durcheinander, die unterschiedlichen Transkriptionssysteme von Taiwan, Hongkong und Singapur kamen noch hinzu und führten dazu, dass die sieben, acht Postbeamten von Paradiesinsel sich jedes Mal darüber beklagten, wenn sie einen von uns sahen." (303)

Ein mit erst knapp 50 Jahren promovierter Afrikaner erhält gegen den Willen des Prodekans eine halbe Stelle für afrikanische Sprachen an der Hochschule allein durch eine zufällige Begegnung mit der Gattin des Kultusministers.

Ein Drink auf dem Kurfürstendamm im "Kaffee Kanzlei" (gemeint ist wohl "Kranzler") kostet 100 Mark.

> "Das Brandenburger Tor hat für Berliner etwa die gleiche Bedeutung wie das Tiananmen für die Pekinger Bevölkerung. (...) In Vorbereitung auf die Wiedervereinigung wurde das Brandenburger Tor restauriert und war vollkommen eingerüstet, sogar die drei Kutschen ziehende Akropolis auf dem Brandenburger Tor wurde gereinigt. Die Akropolis ist die Schutzgöttin von Athen, sie war von dem Architekten Langhans nach griechischem Vorbild geschaffen worden." (285)

Mit solchen Schnitzern konterkariert der Autor seine anderswo durchaus nachvollziehbare Kritik an der deutschen Realität. So bleibt sein Deutschlandbild klischeehaft, und wir finden in den "Strudeln des Rheins" auch keinerlei Reflexion des Reisenden über historische Bedingtheiten, über seine Rolle in der fremden Kultur oder über seine kulturell bedingte Subjektivität. Die eigene Fremdheit im fremden Land ist so selbstverständlich, dass sie keinerlei Thematisierung bedarf, und das Ziel der Protagonisten bei ihrem Aufenthalt in Deutschland liegt nicht im Verstehen des Anderen, sondern ausschließlich darin, die eigene Lebenssituation und die der Familie zu verbessern.

Im gesamten Buch findet kein einziger Dialog mit Deutschen statt, ja, der Ich-Erzähler erklärt sogar, dass er sich absichtlich von Deutschen, insbesondere Sinologen, fernhalte, da er diesen einerseits nicht zur Last fallen wolle, aber andererseits auch, um sich von ihnen nicht ausnutzen zu lassen. Der Erzähler bleibt, um Kahn-Ackermanns treffendes Wort in der Gegenrichtung zu gebrauchen, "drinnen vor der Tür".

Andererseits erschien mir bei der Lektüre diese indifferent wirkende Grundhaltung, die mir immer wieder im Kontakt mit Chinesen begegnet und die in unserer akademischen Kultur negativ besetzt ist, gelegentlich auch als geradezu daoistisch anmutende Anerkennung des Nicht-Durchdringen-Könnens des Fremden. Die Tatsache, dass das im Westen so erstrebenswerte Verstehen-Wollen des Anderen hier nicht zutage tritt, ist der Punkt, der zumindest mich bei der Lektüre besonders fasziniert und beschäftigt hat und ständig die Frage nach der Qualität unseres angestrebten Verstehens von China und anderen Kulturen neu evoziert.

Ich will nicht meinerseits die Oberflächlichkeit des Buches in bezug auf Deutschland idealisieren und dabei selbst exotistischer Sinophilie anheimfallen. Ich halte dieses Buch jedoch trotz seiner Neigung zur Geschwätzig-keit, den gelegentlichen Griffen in die Schmuddelkiste und seinem geringen Reflexionsanspruch wie das gesamte Genre der chinesischen Auslandsliteratur, wenngleich nicht für literarisch, so doch für kultur-translatologisch ausgesprochen wertvoll. Die Lektüre eines solchen - gerade in seiner (nach "westlichen" Maßstäben) literarischen Unzulänglichkeit und seiner Subjektivität in vielerlei Hinsicht typischen - Vertreters der chinesischen „Auslandsstudium-Literatur" regt den deutschen Leser und gerade auch sich mit China auseinandersetzende Studierende an, über Stereotypen, Wahrnehmung des Fremden und des Eigenen in Bezug auf China nachzudenken und die enorme Komplexität der Kommunikation zwischen unterschiedlich geprägten Gesellschaften und deren Mitgliedern zu begreifen.

Übersetzung und Interpretation:
Frühe englische und deutsche Übertragungen des *Liaozhai zhiyi* 聊斋誌異 von Pu Songling 蒲松齡[1]

Eva Müller

Im Jahre 1902 veröffentlichte Wilhelm Grube (1855-1908) in seiner *Geschichte der chinesischen Literatur* eine deutsche Fassung der Geschichte *Hongyu* 紅玉 aus dem *Liaozhai zhiyi* des Pu Songling. Damit begann die Geschichte der Übersetzung und Rezeption dieser Sammlung in deutscher Sprache. Bis zum Erscheinen des letzten von fünf Bänden der verdienstvollen Gesamtübersetzung Gottfried Rösels im Jahre 1992 haben sich im stürmischen und ereignisreichen 20. Jahrhundert zahlreiche deutsche Übersetzer unterschiedlicher literarischer Auffassungen und sprachlicher Qualifikation mit verschiedenen Zielsetzungen an den Geschichten versucht. Insgesamt wurden vor dem Erscheinen des ersten Bandes von Rösels Gesamtausgabe im Jahre 1987 etwa 113 Geschichten aus dem *Liaozhai* – manche davon mehrfach – übersetzt oder nacherzählt[2]. Eine vergleichende Übersetzungskritik steht jedoch noch aus. Der vorliegende Beitrag sollte zu einer solchen anregen.

Das *Liaozhai zhiyi* (*Merkwürdige Geschichten aus dem Studierzimmer eines Müßiggängers*) von Pu Songling (1640-1715), etwa zwischen 1657 und 1705 entstanden und lange nach des Autors Tod 1766 erstmalig gedruckt, enthält 494 Geschichten unterschiedlicher Länge, von der knapp erzählten Anekdote bis zur künstlerisch vollendeten Novelle. Es gilt als höchste und auch letzte Blüte der schriftsprachigen Erzählung in China. Thematik und Inhalt sind vielfältig; vielfach knüpft Pu Songling neben der mündlichen Tradition an die seit dem 3. Jh. florierenden Geschichten über Geister und Dämonen (*zhiguai xiaoshuo* 志怪小说) und Liebesgeschichten zwischen Menschen, Geistern und Tierdämonen seit der Tang-Novellistik (*chuanqi* 傳奇) an. Einflüsse daoistischen und buddhistischen Erzähl- und Gedankengutes sind unübersehbar. Der besondere Reiz der Texte besteht im nahtlosen Übergang zwischen irdischen und übersinnlichen Elementen, poetischer Romantik, gedanklicher Vielschichtigkeit, Satire und zuweilen auch feiner Ironie besonders der Liebesgeschichten. In vielen Geschichten übt der Verfasser offen oder parabolisch Kritik an menschlichem Verhalten und den Zeitverhältnissen.

---

[1] Der Beitrag stützt sich in Teilen auf den Vortrag der Verfasserin: *Frühe deutsche Übertragungen des Liaozahai zhiyi von Pu Songling*, gehalten auf dem 2. Internationalen Symposium zur Liaozhai-Forschung in Zibo (Shandong) im April 2001.
[2] Vgl. Gottfried Rösel, Vorwort zu Umgang mit Chrysanthemen, Zürich 1987.

Durch ausgesuchten 194 Geschichten angefügte Kommentare,[3] *Yishishi yue* 異史氏曰 ("Der Historiker des Merkwürdigen spricht"), verdeutlicht der Autor seine Aussage.

Der Erzählstil des *Liaozhai* ist lebendig und nuancenreich, die lapidare Schriftsprache wenyan 文言 auch mit Elementen der Umgangssprache (besonders bei der Figurensprache) angereichert. Diese sprachlichen Besonderheiten sowie traditionelle Topoi, das Spiel mit Homophonen, historische Anspielungen und gelehrte Zitate stellen hohe Anforderung an den Übersetzer und erlauben bei aller Sorgfalt, ähnlich wie bei der Lyrik, nur schwer eine Übertragung, welche die ganze Schönheit des Originals wiederzugeben vermag.

Nach Übersetzung einzelner Geschichten Pu Songlings in andere europäische Sprachen veröffentlichte Herbert Allen Giles (1845-1935) unter dem Titel *Strange Stories from a Chinese Studio* im Jahre 1880 erstmals eine umfangreiche Auswahl von 164 Texten in englischer Sprache, im 20. Jh. folgten mehrere revidierte Fassungen. Giles benutzte für seine Übersetzung nach eigener Aussage eine 1866 herausgegebene Ausgabe mit dem Kommentar von Dan Minglun 但明伦 (Giles 1916, Introduction, S. XVII)[4]. Seine Pionierleistung machte das Werk in Europa bekannt und blieb nicht ohne Einfluss. Spätere Übersetzer, obgleich von Giles' Vorlage beeinflußt, mußten sich mit bestimmten Eigenheiten seiner Methode auseinandersetzen. Das betrifft vor allem die der zeitgenössischen viktorianischen Moral entsprechende "Bowdlerisierung" erotisch-sinnlicher Textpassagen (Minford, 1992), außerdem die Praxis, historische Anspielungen und Namen des Originaltextes durch Namen aus der Bibel sowie der griechisch-römischen Antike zu ersetzen. Giles praktizierte auch das Weglassen der Kommentare des Autors. In deutschen Übertragungen lassen sich deutlich Spuren des von Giles angewandten Verfahrens - vor allem Textkürzungen und Paraphrase - wiederfinden.

---

[3] Es wird auch die Auffassung vertreten,, dass die Kommentare nicht von Pu Songling selbst, sondern von oder mit einem Freund oder Kommentator verfasst wurden; dieser Auffassung schließt sich Gottfried Rösel an, vgl. Rösel , 1987, Vorwort S. 29. Der Terminus *Yishishi yue* bezieht sich bewusst auf Sima Qians 司馬遷 Kommentare *Taishigong yue* 太史公曰 ("Der Hofhistoriker meint") zum *Shiji* 史记 und distanziert sich zugleich von der realen Geschichtsschreibung desselben. Ein deutlicher Bezug zu Sima Qian ist auch die häufige Titelgebung der Geschichten durch die Namen der Hauptpersonen. Zu Stil und Funktion von Pus Kommentaren vgl. Ma Ruifang 马瑞芳,1990, S. 351-383.

[4] Es handelte sich dabei höchstwahrscheinlich um das *Qianlong sanshiyi nian Zhao Qigao Qingketing keben*, 乾隆三十一年趙起杲青柯亭刻本, vgl. Hong Tao 洪濤, 2001, S. 182, der Verfasser beschäftigt sich in diesem Aufsatz mit einigen Besonderheiten englischer Übertragungen des *Liaozhai*.

Als der Berliner Sinologe Wilhelm Grube gegen Ende seines Forscherlebens 1902 die *Geschichte der chinesischen Literatur* veröffentlichte, war dies "tatsächlich die erste systematische Bearbeitung dieses gewaltigen Stoffes" (R. F. Merkel 1952, zit. nach Kaden, 2001, S. 5,[5]). Grube bezieht sich in seinem Vorwort auf die "befremdliche Tatsache", daß "in der quantitativ reichen ... Literatur, welche in jüngster Zeit den Büchermarkt auf diesem Gebiet überschwemmt hat, ... ein wesentlicher, vielleicht der wesentlichste Faktor des chinesischen Geisteslebens, die Literatur, dabei so gut wie unberücksichtigt geblieben ist". Sein Werk, das er als "Darstellung des geistigen Schaffens der Chinesen" betrachtete und mit dem er sich ausdrücklich "nicht an gelehrte Kreise, sondern an die Gebildeten der Nation" (Grube, 1902, Vorwort S. VII-IX) wandte, hat unter Intellektuellen und Literaten in Deutschland große Beachtung gefunden, ebenso wie seine Publikationen zur chinesischen Religion. Für die geistigen Eliten bedeutete das Buch vielfach den Einstieg in die Beschäftigung mit chinesischer Literatur. Grubes hohe Würdigung des *Liaozhai* und seine in das Geschichtswerk integrierte Übersetzung der Geschichte *Hongyu* wurden aufmerksam registriert und bestimmten die Rezeption in nicht unwesentlichem Maße. So übernahmen spätere Übersetzer und Leser, u. a. auch Hans Rudelsberger (Rudelsberger, 1924, S. XV) und Hermann Hesse, den von Grube erstmalig herangezogenen Vergleich zwischen Pu Songling und E. T. A. Hoffmann.

Grube bemerkt in seinem Vorwort ausdrücklich, er habe die kurz zuvor erschienene *History of Chinese Literature* von Giles, "eine in ihrer Art treffliche Arbeit", "um mir vollste Unabhängigkeit zu wahren, erst nach Abschluß meines Manuskripts ... zur Kenntnis genommen" (Ebenda, S. VIII). In seinen Auffassungen steht der in Petersburg ausgebildete Grube in der Tat mehr den berühmten Sinologen dieser russischen Schule nahe, besonders den Forschungen ihres Nestors V. P. Vasil'ev, der im Jahre 1868 fünf Erzählungen aus dem *Liaozhai* in russischer Sprache publiziert hatte.

Auf diese erste Übersetzung einer Erzählung Pu Songlings folgte 1911 die früheste deutsche Auswahl von Martin Buber: *Chinesische Geister- und Liebesgeschichten*. Der berühmte Religionsphilosoph, einer der bedeutendsten Denker des 20. Jahrhunderts, lehrte von 1923 bis zum Machtantritt Hitlers im Jahre 1933 an der Frankfurter Universität jüdische Religionswissenschaft und Ethik. 1938 emigrierte er nach Palästina. Buber hatte sich schon vor den *Chinesischen*

---

[5] Zu Wilhelm Grube, einer Ausnahmeerscheinung der damaligen deutschen Sinologie, vgl. Leutner, 1987 und Kaden, 2001. Otto Franke bemerkte, "er galt unter Fachleuten als vielseitig und feingebildeter Mann von außergewöhnlichem Sprachtalent, scharfem Verstande, reichem sinologischem, linguistischem und philosophischem Wissen und hervorragender Lehr- und Darstellungsgabe", Kaden, S. 2.

Geister-und Liebesgeschichten dem chinesischen Denken, insbesondere dem Daoismus und der daoistischen Mystik zugewandt. Bereits 1909 hatte er *Worte Lao-Tses und seiner Schüler* verfaßt, die in die *Ekstatischen Konfessionen* (1909) aufgenommen wurden; im gleichen Jahr folgte der Essay *Die Lehre vom Tao*, der dann 1910 dem Buch *Reden und Gleichnisse des Tschuang Tse* beigefügt veröffentlicht wurde.

Bubers Interesse an Pu Songling ordnet sich ein in seine Beschäftigung mit Mystik in jenen Jahren. Der in Wien geborene Philosoph wuchs in der Gegend von Lemberg (heute L'viv, Ukraine) auf, wo er mit dem mystisch geprägten, nichtsdestoweniger lebenszugewandten Chassidismus und Dämonenmythen in Berührung kam. Er studierte Dämonengeschichten aus verschiedenen Ländern. Obwohl Bubers kurzzeitige Beschäftigung mit chinesischer Philosophie und Literatur gemessen an seinem Gesamtwerk eher marginal erscheint, spielten für die Formierung seiner eigenen Philosophie und die Erneuerung des Chassidismus die Integration des Daoismus und die mystische Substanz der Geschichten aus dem *Liaozhai* eine wichtige Rolle (Friedmann, 1999, Teil 1 S. 89 ff). Er wandte den Geschichten Pu Songlings besondere Aufmerksamkeit zu, als er sich mehr und mehr für eine Weltschau entschied, die in Geistern und Dämonen nicht feindliche jenseitige Wesen erblickt. Sie hausen gewissermaßen im gleichen Lebensraum wie die Menschen, in beiderseitigem Einverständnis. Letztlich gab es für ihn keine weltverneinende Mystik, wohl aber eine, die zu einem intensiveren Erleben der Weltwirklichkeit befähigt. Auch in seinen Äußerungen zum *Liaozhai* zeigt sich in diesen frühen Jahren bereits, daß er "die Wirklichkeit nicht in ein Diesseits und Jenseits aufspalten wollte, sondern sich zu einem ganzheitlichen Erfassen und Umfassen der Wirklichkeit anschickt" (Wehr, 1971, S. 103). Im Vorwort zu *Chinesische Geister- und Liebesgeschichten* schreibt Buber:

> "Bei meinen Studien über die Dämonenmythen lernte ich ... die chinesischen Sammlungen von Geister- und Liebesgeschichten und insbesondere das klassische *Liao Tschai Tchi Yi* kennen. Etwas zog mich an ihnen an, was Erzählungen dieser Gattung bei keinem anderen Volke in gleichem Maße besitzen: Die Atmosphäre von Vertrautheit und Übereinstimmung. Dämonen werden hier von Menschen, Menschen von Dämonen geliebt und besessen; ... die so zu uns kommen und um uns werben oder uns umfassen ..., sind Wesen unseres Weltkreises, nur in einer tieferen, dunkleren Schicht geboren. ... Hier redet nicht die Mystik eines helläugigen Grauens, sondern die Magie des Selbstverständlichen. Die Ordnung der Natur wird hier nicht durchbrochen, sondern erweitert ..." (Buber, 1993, S. 9f.).

Dass er in den Geschichten eine Idee erkannte, die mit seinem sich herausbildenden Gedanken der Welteinheit korrespondierte, gewann entscheidende Bedeutung für Bubers Auswahl; er erklärt, er habe neben den "schönsten und merkwürdigsten Erzählungen von der Liebe zwischen Menschen und Dämonen" solche ausgewählt, "die ich aus anderen Gründen nicht missen wollte" (Buber, 1993, S. 17). Ihm ging es nicht um Vielfalt der literarischen Thematik, sondern um die literarische Darstellung unterschiedlicher Daseinswelten. Besonders genau sind daher jene Erzählungen übersetzt, die die Beziehung von Menschen und unirdischen Wesen vielschichtig und wendungsreich schildern, treue Liebe zum Gegenstand haben oder eine allegorische Bedeutung besitzen.

Buber, der nicht Chinesisch konnte und nie in China war, arbeitete mit dem von 1907 bis 1911 in Berlin als Lektor am Seminar für Orientalische Sprachen tätigen Chinesen Wang Ching-tao (Wang Jingtao 王警濤) zusammen. Mit Pu Songling war er durch die englische Übertragung von H. A. Giles bekannt geworden, auf deren Neuauflage von 1909 er sich beruft. Er beanstandet, Giles habe leider "nach englischer Art alle Stellen, die ihm anstößig schienen, weggelassen oder paraphrasiert". Mit Hilfe von Wang übersetzte er einige bereits von Giles übertragene Geschichten "vollständig und getreu" noch einmal und dazu weitere bisher unübersetzte (ebenda): sechs Geschichten wurden erstmals in eine europäische Sprache übertragen. Über diese Zusammenarbeit sind wir, neben Bubers Darlegungen im Vorwort, durch den Briefwechsel der beiden informiert, in dem es sowohl um inhaltliche, wie auch um finanzielle Fragen geht (Walravens, 1994, S. 465-481). Drei weitere, unpublizierte Geschichten haben sich in Bubers Nachlaß erhalten (Walravens, 1992, S. 122). Nicht erwähnt wird die chinesische Ausgabe, die als Grundlage diente.[6]

Die Bubersche Auswahl enthält folgende 16 Erzählungen: *Das Wandbild* (Huabi 畫壁), *Der Richter* (Lu pan 陸判), *Das lachende Mädchen* (Yingning 嬰寧), *Die Füchsin* (Lianxiang 蓮香), *Die Wege des Liebenden* (A Bao 阿寶), *Die Krähen* (Zhuqing 竹青), *Die Blumenfrauen* (Xiangyu 香玉), *Der närrische Student* (Shuchi 書痴), *Der Gott im Exil* (Leicao 雷曹), *Das Land im Meer* (Luocha haishi 羅刹海市), *Das Blätterkleid* (Pianpian 翩翩), *Der Ärmel des Priesters* (Gongxian 鞏仙), *Der Traum* (Lianhua gongzhu 蓮花公主), *Musik* (Huanniang 宦娘), *Die Schwestern* (A Xiu 阿秀), *Wiedergeburt* (Xiao Xie 小謝).

Bubers Sammlung blieb bis zur Gegenwart die am meisten gelesene und einflussreichste Auswahl. Sie wurde schon kurze Zeit nach ihrem Erscheinen mehrfach neu aufgelegt. Nach dem 2. Weltkrieg erschienen seit 1948 mehrere

---

[6] Wie ein Vergleich der Texte von Giles und Buber bestätigt, irrt Adrian Hsia, wenn er feststellt, Buber habe nach Giles aus dem Englischen übersetzt; vgl. Hsia 1981, S. 139.

Nachdrucke in Zürich (Contag, 1949) und in den 90er Jahren mehrere Nachauflagen in München, außerdem 1991 eine englische Ausgabe (Walravens, 1992).

Buber entwickelte sich wegen seiner frühen Übertragungen zu einer Art Respektsperson für chinesische Angelegenheiten. "Buber war ein Mittelpunkt des öffentlichen Lebens, seine Veröffentlichungen wirkten wie Signale" (Schuster 1977, S. 86), man suchte seinen Rat: Alfred Döblin konnte mit Bubers Hilfe den Roman *Die drei Sprünge des Wang Lun* (1915) vollenden (Wehr 1991, S. 104). Für Herrmann Hesse bedeuteten Bubers *Liaozhai*-Geschichten die erste Bekanntschaft mit chinesischer Prosadichtung. Seine Rezension von 1912 (Hsia 1981, S. 139) enthält eine Nacherzählung der Geschichte *Der Traum* (*Lianhua gongzhu* 蓮花工主), die auch andere Dichter, wie z. B. Paul Ernst, anregen sollte.[7] Er verglich Bubers und Wilhelms Übertragungen der Geschichte vom "lachenden Mädchen Ying Ning" und stellte „nicht unbedeutende Abweichungen" fest. Die Geschichte lieferte 1913 ein Motiv für sein Gedicht *An die Sängerin Ying-Ning* (Hsia 1981, S. 148 ff.). Hugo von Hoffmansthal, der in seine Szenen *Grete Wiesenthal in "Amor und Psyche"* und *"Das Fremde Mädchen"* (1911) bereits die Gleichnisse *Der Zikadenfänger* und *Der Glockenspielständer* aus Bubers *Tschuangtse* aufgenommen hatte, basierte das Ballett *Die Biene* (1916), das Grete Wiesenthal 1916 und 1917 in Zürich tanzte, auf der bereits erwähnten und durch Hesses Rezension populären Geschichte *Der Traum*, die gekürzte Fabel erhält bei ihm Symbolcharakter (Schuster 1977, S. 135-137).

Richard Wilhelm (1873-1930), der wichtigste und einflußreichste Mittler zwischen der deutschen und der klassischen chinesischen Philosophie und Literatur, wirkte von 1899 bis 1921 als protestantischer Pfarrer und Missionar in Qingdao und 1922 bis 1924 bei der deutschen Legation in Peking. 1924 wurde er Professor für Sinologie in Frankfurt am Main und 1925 Begründer und erster Leiter des Frankfurter China-Institutes. Dem Buch *Chinesische Märchen* waren bereits die Übersetzungen mehrerer Klassiker vorausgegangen, wie *Lunyu* 论語 (1910), *Laozi* 老子 (1911), *Liezi* 列子 (1912), *Zhuangzi* 莊子 (1912); im Gegensatz zu diesen geschlossenen Werken der Hochkultur handelt es sich bei den *Märchen* jedoch erstmals um eine mannigfaltige Auswahl aus Folklore, Geschichtsschreibung und populärer Erzählliteratur, wobei der Herausgeber um bunte thematische Vielfalt bemüht war. Ein Großteil der Texte stammt direkt aus der mündlichen Überlieferung, Wilhelm hat sie bei Wanderungen zum Taishan und Laoshan selbst gesammelt. Eine einzigartige Leistung für die

---

[7] Es handelt sich nicht um die Geschichte *Der Ärmel des Priesters*, wie bei Hsia irrtümlich angegeben, vgl. Hsia, 1981, S. 140.

damalige Zeit. Auch bei Geschichten, die in der Literatur schon schriftlich fixiert waren, griff er auf im Volke noch lebendige mündliche Traditionen zurück. Er nutzte seinem Quellenverzeichnis zufolge auch chinesische Sammlungen, wie *Tangdai congshu* 唐代叢書, *Shenxian zhuan* 神仙傳, *Soushen ji* 搜神記, *Jingu qiguan* 今古奇觀, auch *Shiji* 史記 und *Mu Tianzi zhuan* 穆天子傳 und berühmte Romane, wie *Sanguo yanyi* 三國演義, *Dong Zhou lieguo zhi* 東周列國志, *Xiyou ji* 西游記, um nur einige Beispiele zu nennen. Damit brachte er dem deutschen Leser viele Stoffe auch des Romans, der Geschichtsschreibung usw. in eigener freier Nacherzählung nahe. Nur für die Kunstmärchen, von den insgesamt acht Stücken dieser Kategorie stammen allein sechs aus dem *Liaozhai*, nahm er engeren Anschluß an das Original.

Für Wilhelm zählten übersinnliche Stoffe in der Literatur zu den Märchen, auch wenn er anmerkt, daß das Märchen in China kein streng gesondertes Gebiet sei. "Das Wunderbare gehört in China noch zum gewöhnlichen Weltlauf, so daß sich hier keine scharfe Grenze ziehen läßt" (Wilhelm, 1921, S. 1).
  Wilhelm war bereits früh auf Pu Songling aufmerksam geworden; seinen 15 in die *Märchen* integrierten Geschichten aus dem *Liaozhai* ging 1910 die Veröffentlichung von *Der grüne Phönix* (*Das Gespensterhaus*, Qingfeng 青鳳) voraus.[8] Wilhelm als exzellentem Kenner und Liebhaber der chinesischen Kultur war natürlich bewußt, daß es sich zwar um märchenhafte Stoffe, aber zugleich um hohe Kunst handelte. In seinem Buch *Die chinesische Literatur* schrieb er 1926: "Aber nicht nur im Volke lebt die Erzählkunst weiter. Auch einige Meister des klassischen Stils haben sich den seit alters überlieferten Stoffen zugewandt und sie aufs neue konzis und künstlerisch geformt. Am bekanntesten unter den gelehrten Novellenschreibern ist P'u Sung-ling ... Seine Sammlung Liao Tschai Tschi i ... hat nicht nur in China wegen ihres blendenden Stils allgemeine Bewunderung erregt, sondern hat auch eine ganze Anzahl europäischer Gelehrter zur Übersetzung in fremde Sprachen angelockt." (Wilhelm, 1926, S. 180f.). Seine Charakterisierung der Texte ähnelt dem Wesen nach der Martin Bubers: "Die Geschichten sind zum großen Teil Geister- und Fuchsgeschichten, kaum eine, die nicht in das übernatürliche Gebiet hinüberführte. Mit souveräner Kunst ist dieser Übergang vollzogen ... Es bilden sich Brücken friedlichen Verkehrs auch zu außermenschlichen Wesen, und oft finden wir die Liebe traumhaft unter den seltsamsten Umständen Menschen und Geister verbinden" (ebenda).

Nach volkskundlichen und literaturwissenschaftlichen Gesichtspunkten hatte Wilhelm seine 100 Märchen in sieben thematische Kategorien eingeteilt. Die 15

---

[8] In: *Der Ostasiatische Lloyd*, XXIV/5, 1910. Später veröffentlichte er noch *Die redenden Augensterne* (Tongren yü 瞳人語), in *Atlantis* I, 4, 1929.

Geschichten aus dem *Liaozhai* ordnete er unter die vier Typen "Von Heiligen und Zauberern, "Natur- und Tiergeister", "Gespenstergeschichten" und "Kunstmärchen" ein. Er wählte folgende Erzählungen aus: *Der geizige Bauer* (Zhong li 種梨), *Der Bergelf* (Shanxiao 山魈), *Der Drache nach dem Winterschlaf* (Zhelong 蟄龍), *Das tote Mädchen* (Shibian 尸變), *Das Oger-Reich* (Yecha guo 夜叉國), *Die bemalte Haut* (Hua pi 畫皮), *Die Sekte vom weißen Lotos* (Bailian jiao 白蓮教), *Die schöne Giauna* (Jiaona 嬌娜), *Ying Ning* (Yingning 嬰寧), *Die Froschprinzessin* (Qingwa shen 青蛙神), *Abendrot* (Wanxia 晚霞), *Edelweiß* (Qing'e 青娥), *Das Heimweh* (Yuezhong 樂仲), *Der Priester vom Laoshan* (Laoshan daoshi 老山道士), *Der kleine Jagdhund* (Xiao liequan 小獵犬).

Als Quelle gibt Wilhelm eine populäre Fassung an, *Liau Dschai Yän Yi*. Tatsächlich waren seinerzeit Pu Songlings Geschichten durch professionelle Erzähler, die sie mündlich verbreiteten, und Fassungen in der Umgangssprache auch unter den wenig Gebildeten weithin bekannt. Ein Zeuge dafür ist der bekannte Petersburger Sinologe V. M. Alekseev, der 1907 den Geschichtenerzählern in Peking lauschte und in seinen Ausführungen über die große Popularität "des meinem Herzen nahestehenden Liao Zhai" feststellt, dass "die Volkserzähler (*shuoshude*) ... das Talent besitzen, den Text und sogar den Stil des Liao Zhai in rhythmische Umgangssprache zu übersetzen... Hier vollzieht sich die künstlerische Umwandlung einer literarischen, unverständlichen Sprache in eine lebendige und verständliche Rede...". Durch das gleichzeitige Wirken von schriftsprachigen und populären Fassungen sei die "Popularität (des *Liaozhai*), die kaum ihresgleichen auf der Welt haben dürfte, grenzenlos" (Alekseev 1989, S.360-362). [9] Bei einem Vergleich der schriftsprachigen Fassung des Werkes mit den Übersetzungen Wilhelms ist die Vermutung berechtigt, dass letzterer die Texte auch von professionellen Erzählern gehört bzw. ihren Textbüchern entnommen hat.

Wilhelm bemerkt, dass er meist noch unübersetzte Stücke ausgewählt habe (Wilhelm, 1921, S. 406). In der Tat gibt es nur eine Überschneidung zu Bubers Auswahl: Pu Songlings wohl kunstvollste Erzählung, *Yingning*. Wie Buber auf Wang Jingtao angewiesen war, so verweist auch Wilhelm hier, und zwar nur in diesem einen einzigen von hundert Texten seiner Sammlung, auf einen Mitarbeiter: "Das Märchen ist in der Stilisierung des verstorbenen Herrn Dr. Harald Gutherz....wiedergegeben" (Wilhelm, 1921, S. 404).

---

[9] Es handelt sich um eine Eintragung vom 11. Oktober 1907 in Alekseevs Reisetagebuch. Er hatte bereits vor dieser Reise mit der Übersetzung aus dem *Liaozhai* begonnen und publizierte zwischen 1920 und 1928 ungefähr ein Drittel der Geschichten (160) in russischer Übertragung. Vgl. Li Fuqing (B.L. Riftin) 2001, S. 453-462, 475-476.

Auch Wilhelms *Märchen* fanden viele Leser. Das Buch wurde bis in die jüngste Zeit, auch unter anderem Titel, immer wieder aufgelegt. Zur Zeit seines Erscheinens wurde es sehr beachtet, u. a. von Hermann Hesse, der es 1914 auch rezensierte (Hsia 1981, S. 145).

1913 veröffentlichte Leo Greiner sein Buch *Chinesische Abende. Novellen und Geschichten.* Im Vorwort dankt er seinem chinesischen Mitarbeiter Tsou Ping Shou, kraft dessen Hilfe es ihm möglich gewesen sei, "... diese Arbeit zu vollenden, ohne mich des Zwischenbehelfs einer anderen europäischen Sprache zu bedienen" (Greiner 1922, S. 1). Neben Episoden aus klassischen chinesischen Romanen, wie dem *San guo yanyi* 三國演義 und dem *Dong Zhou lieguo zhi* 東周列國志, zwei Erzählungen aus dem *Jingu qiguan* 今古奇觀 sowie einer Geschichte seines Helfers Tsou Ping Shou und zweier von diesem aufgezeichneten Geschichten aus mündlicher Überlieferung stellt Greiner fünf Geschichten aus dem *Liaozhai* vor: *Der Augenkranke* (Gusheng 顧生), *Das Mädchen mit dem grünen Kleid* (Lüyi nü 綠衣女), *Der Tiger* (Xiang Gao 向杲), *Die Heilige* (Geng Niang 庚娘), *Die treue Dienerin* (Qing Mei 青梅). Wie bei Buber und Wilhelm kann eine Unabhängigkeit von den Übersetzungen von Giles festgestellt werden.

Hans Rudelsberger nahm 1924 in sein Buch *Chinesische Novellen* vier Geschichten aus dem *Liaozhai* auf: *Die Tochter des Mandarinen Tseng* (Lugong nü 魯公女), *Die Geschichte des Studenten Chen Yü und der vier hübschen Taoistennonnen* (Chen Yunqi 陳雲棲), *Der Richter* (Lu pan 陸判), *Das Mädchen vom Tung-Ting-See* (Zhicheng 織成). Bei Rudelsberger wird eine gewisse Anlehnung an Giles deutlich: *Lugong nü* wird mit „Tochter des Mandarinen Tseng"übersetzt, bei Giles, XXXIII, *Chang's Transformation*, ist ebenfalls von einem „Mr. Tseng" statt von einem gewissen Herrn Lu die Rede. Das Gleiche gilt für den Titel der Geschichte *Chen Yuqi*: Der Originaltitel besteht aus dem Namen der weiblichen Hauptperson, Giles, XXXVII, übersetzt *Engaged to an Nun*, Rudelsberger macht in reißerischer Manier daraus *Die Geschichte des Studenten Chen Yü und der vier hübschen Taoistennonnen*, sodass ganz im Gegensatz zum Inhalt des Originals, in dem der Scholar nur von der Nonne Yunqi besessen ist, und entgegen der Titelgebung von Giles ein Eindruck von Vielweiberei erweckt wird. Der Text besteht aus zwei relativ unabhängigen Geschichten, von denen Giles nur die erste überträgt, die mit der Heirat der Nonne Chen Yuqi und des Chen Yu endet. Rudelsberger betont selbst, er habe im Gegensatz zu Giles auch den 2. Teil übersetzt (in dem der Held unter anderem Namen zwei der Nonnen heiratet), dies allerdings in logisch verwirrendem Anschluß. Allgemein wirkt die Übersetzung Rudelsbergers recht oberflächlich und geziert. So entgeht ihm zu Beginn der Geschichte *Zhicheng*, bei der er sich der Titelübersetzung von Giles anschließt (Giles XXXVIII, The

Young Lady of the Tung-T'ing-Lake) ein für die Handlung wichtiges Detail: Der Held der Geschichte kehrt in die Heimat zurück, **nachdem er durch das Examen gefallen ist**, und liegt nun betrunken auf dem Deck des Schiffes.

Im Jahre 1924 erschien erstmals nach Buber wieder eine geschlossene Sammlung von Erzählungen aus dem *Liaozhai*: *P'u Sung-ling: Seltsame Geschichten*, Band 1. Herausgeber und Übersetzer war der Sinologe Erich Schmitt (1893-1955). Das Buch, dem nicht wie geplant ein weiterer Band folgte, enthält 25 Geschichten und war damit die umfangreichste der vor den 1930er Jahren erschienenen Ausgaben. Erich Schmitt studierte in Berlin Sinologie, habilitierte sich 1927 und ging 1928 nach Bonn, wo er außerordentlicher Professor wurde. Er schrieb eine Biografie des Konfuzius, verfasste 1939 gemeinsam mit einem chinesischen Lektor ein Lehrbuch des modernen Hochchinesisch und verbrachte die Kriegsjahre in Shanghai, um dort ein chinesisch-deutsches Wörterbuch zu redigieren. Er galt als kenntnisreicher Sinologe, lebte aber nicht in Harmonie mit seinen Kollegen und wurde im Dritten Reich von einzelnen auch hämisch angeschwärzt (Walravens 1999, S. 202, 207-8).

Schmitts Auswahl ist thematisch vielfältig und weist nur im Einzelfall Überschneidungen zu bereits vorhandenen deutschen Übertragungen auf. Sie enthält folgende Texte:
Der Traum der gelben Hirse (Xu Huangliang 續黃梁), *Chi-cheng, das junge Mädchen vom Tung-T'ing-See* (Zhicheng 織成), *Das Fußballspiel auf dem Tung-T'ing-See* (Wang Shixiu 汪士秀), *Die gemalte Haut* (Hua pi 畫皮), *Magie* (Yaoshu 妖术), *Die Laterne als Hund* (Quandeng 犬燈), *Der Taoistenpriester vom Lao-Shan* (Laoshan daoshi 崂山道士), *Die drei Genien* (San xian 三仙), *Der Tiger von Chao-Ch'eng* (Zhaocheng hu 趙城虎), *Die kämpfende Wachtel des Wang Ch'eng* (Wang Cheng 王成), *Pao-Chu* (Bao Zhu 保住), *Die Shuimang-Pflanze* (Shuimang cao 水莽草), *Das Amulett des Spielers* (Dufu 賭符), *Der kleine Jagdhund* (Xiao liequan 小獵犬), *Die Planchette des Spiritisten-Heiligen* (Hexian 何仙), *Der gestohlene Pfirsich* (Tou tao 偷桃), *Medizinische Kunst* (Yishu 醫术), *Die Geschichte des Herrn T'ang* (Tang gong 汤公), *Der dankbare Hund* (Yiquan 義犬), *Spiritistische Séancen mit tanzenden Geistern* (Tiao shen 跳神), *Die Geschichte des Zauberers Chen* (Zhensheng 真生), *Der langsame Tod* (Yiren 邑人), *Die beiden Hirtenknaben* (Mushu 牧竪), *Der Vogel Rock* (Qinxia 禽俠), *Die acht irdenen Krüge des Herrn Li Yüeh-Sheng* (Li ba gang 李八缸).

In einem ausführlichen Vorwort führt Schmitt den Leser in das Werk ein. Er geht auf den Lebenslauf Pu Songlings ein und zitiert ausführlich aus dessen Vorwort, um seine gedanklichen und religiösen Intentionen sichtbar werden zu lassen. Er nennt den Verfasser einen "Magier des Wortes" von "unnachahmlicher Wortprägnanz", dessen Künstlergenie aus vorhandenen Stoffen "jene unnachahmlichen, unvergesslichen Bilder voll grandioser und vollendeter Plastik" geschaffen habe. Schmitt übersetzte für "ein großes Publikum, das Interesse an orientalischer Dichtung hat."

Er nimmt auch zu Problemen der Übersetzung Stellung. Er spricht über die "reichlichen sprachlichen Schwierigkeiten", die der Text biete, und geht auf die Unterschiede beider Sprachen ein, aber auch auf Unterschiede im Denken, die Grundverschiedenheit von Ausdrucksmitteln und Ideenverbindungen und meint, aus ästhetischen Gründen, und das seien die einzigen, die bei der Übertragung eines Kunstwerkes in Betracht kämen, sei eine freie Übertragung einer "pedantisch wortgetreuen, aber damit auch stilistisch ungenießbaren" vorzuziehen. Dabei beweist Schmitt eine intensive Auseinandersetzung mit den Originaltexten, das zeigt sich besonders da, wo ein Vergleich mit Rudelsberger möglich ist (z. B. bei der Geschichte *Zhicheng*). Er würdigt die Arbeit von Giles, meint aber, "der kritische Leser" würde oft eine Abweichung von dessen "auf wirklicher Quellenforschung beruhender, wenn auch oft zur Paraphrase gewordener Arbeit" finden (Schmitt 1924, Einleitung S. 9 – 18). Leider wurde Schmitts wichtige Auswahl in Deutschland nicht im gleichen Maße populär, wie einige der bereits genannten Übertragungen.

Exemplarische Übersetzungsvergleiche

Die Übersetzer suchten den Ausgangstext so aufzuarbeiten, dass er in der Zielsprache als poetisches Kunstwerk dem Leser im eigenen Kulturkreis rezipierbar wird, dabei der Reiz des Fremden nicht verloren geht, der übersetzte Text literarisch überzeugt.

Giles als Pionier europäischer *Liaozhai*-Übertragungen widmete sich dem Problem der Translation historischer Namen und Anspielungen wie auch feststehender Redewendungen, die im Ausgangstext vielfältige Assoziationen hervorrufen – ein Problem, das bis heute nicht zufriedenstellend gelöst ist. Er verwendete Namen von Personen aus der Bibel und der europäischen Antike (in einem Falle, *Rip van Winkle,* bezieht er sich auch auf Washington Irving); um analoge Effekte wie im Originaltext zu erzielen.

Beispiele:
a) In der Geschichte *Miss Chiao-No* (Jiaona 嬌娜) übersetzt er Cao Qiu 曹丘 mit "Maecenas":
羁旅之人, 谁作曹丘者?
Giles: "Alas!" said K'ung, "who will play the Maecenas to a distressed wayfarer like me?" (Giles,1916, S. 21).

Das erweckt irreführende Assoziationen. Der in Europa sprichwörtliche Maecenas steht für einen reichen und großzügigen Förderer talentierter Dichter. Cao Qiu hingegen, im Chinesischen zum Synonym für "empfehlen" geworden, findet im *Shiji* 史記, in den Biographien von Ji Cun und Luan Bu (*Ji Cun Luan Bu liezhuan* 季存樂布列傳) lediglich als Nebenperson Erwähnung, die jemandem durch lobende Erwähnung zur Karriere verhilft.

Souverän die Übersetzung bei Wilhelm: "Kung erwiderte seufzend: 'Ich bin in der Gegend ganz unbekannt und habe niemanden, der mich empfiehlt.'" (Wilhelm, 1921, S. 299).

b) In der Geschichte *Miss Lian-Hsiang* (Lianxiang 蓮香) finden wir bei Giles die Übersetzung "a perfect Helen for beauty" für die klassische Redewendung *qing guo zhi shu* 倾國之姝; nicht abwegig, Helena ist die klassische europäische Schönheit, doch gibt der chinesische Text keinen historischen Namen vor.

Bubers wörtliche Übersetzung ist poetischer: "...er gewahrte zu seinem Erstaunen, dass sie von einer Schönheit war, die ein Königreich zu stürzen vermochte" (Buber, 1992, S. 84).

c) In *The Lo-ch'a country and the Sea-market* (Luocha haishi 羅刹海市) übersetzt Giles den Doppelsatz: *jun si zhengren, qie zuo dangfu* 君似征人, 妾作蕩婦 mit "You are my Ulysses, I am your Penelope" ; in Anm. 14 teilt er dazu mit, "These are only the equivalents for the Chinese names in the text" (Giles, 1916, S. 274). Obwohl wir feststellen können, dass der chinesische Text in Wahrheit gar keine Namen enthält, ist diese Lösung nicht völlig abwegig. Bei Pu Songling handelt es sich um die Geschichte eines Kaufmannes, der auf eine ferne Insel verschlagen wird und dort eine feengleiche Prinzessin ehelicht. Als er nach einer Heimreise zurückkehrt, findet er nur noch seine beiden Kinder vor; im Abschiedsbrief der Frau findet sich der obige Satz.

Buber versucht auch hier eine wörtliche Übersetzung, nicht völlig geglückt: "Du bist wie jener Soldat, der in den Krieg ziehen musste, und ich wie seine Marketenderin, die nicht mitziehen durfte" (Buber, 1992, S. 217).

d) Giles verwendet auch Namen aus der Bibel für die Titelübersetzung: *A Chinese Jonah* (XCVIII, für Sun Bizhen 孫必振). Die Geschichte hat mit dem biblischen Jonas allerdings nur gemein, dass der Held von seinen Gefährten auf dem Meer ausgesetzt (nicht ins Meer geworfen) wird. Der Name des weisen Königs Salomon wird gleich zweimal verwendet: *A Chinese Solomon* (CLVI, Zhe yu 折獄) und *Another Solomon* (CLXIII, Taiyuan yu 太原獄). Bereits die chinesischen Titel sagen aus, dass es sich um Kriminalfälle handeln muss. Besonders im Fall der zweiten Geschichte wird eine Parallele zum sogenannten "salomonischen Urteil" deutlich: Zwei Frauen, Schwiegermutter und Schwiegertochter, beschuldigen sich des Ehebruchs mit einem bestimmten Mann. Als sie aufgefordert werden, den Liebhaber zu töten, ist die Schwiegermutter aus Liebe nicht dazu bereit und wird dadurch entlarvt.

Wie bereits bemerkt, umschrieb oder kürzte Giles erotische Passagen. So in der Geschichte *Hsiang-ju's Misfortunes* (XXXII, Hongyu 红玉). Im chinesischen Text wird der junge Xiangru von einem Mädchen besucht, mit dem er noch am gleichen Abend das Bett teilt. Im chinesischen Text heißt es dazu: "固請之, 乃梯而過, 遂共寢處". Giles (1916, S. 139) reinigt den Text: "At length, however, she accepted his invitation, and descended the ladder that he had placed for her". Auch Grube verändert diesen Text in seiner Übersetzung *Hung-yüh*: "...und als er sie dringlicher einlud, stieg sie schließlich die Leiter herab und gesellte sich zu ihm" Grube 1902, S. 450).

In *Taking Revenge* (LXV, S. 280, Xiang Gao 向杲), unterschlägt Giles, dass Bosi ein Freudenmädchen (*ji* 妓) ist und übersetzt stattdessen "a young lady named Po-ssu". Greiner, *Der Tiger*, übersetzt exakt mit "ein käufliches Mädchen, namens Pe Si... " (Greiner 1922, S. 167).

Das sind noch vergleichsweise harmlose Veränderungen bei Giles. Bei der Übersetzung der Geschichte *Miss Lian-hsiang* (XXIII, Lianxiang 蓮香, S. 106-107) spart er aus Prüderie gerade die Stelle aus, in der das Fuchsmädchen Lianxiang die Unterschiede und Folgen geschlechtlicher Beziehungen zu Füchsinnen, Menschenfrauen und abgeschiedenen Geistern erläutert. Für den Plot der Geschichte, in der es u. a. um ideale Frauen und Seelenwanderung geht, ist diese Stelle jedoch von zentraler Bedeutung. Buber überträgt sie vollständig: "In deinem Alter erlangt man drei Tage, nachdem man bei einer Füchsin lag, seine Kraft wieder. Treibt man aber das Liebesspiel täglich, dann mag manch ein Menschenweib schlimmeren Schaden tun. Die böseste Gefahr kommt von den abgeschiedenen Geistern" (Buber 1992, S. 89).

Als weiteres Beispiel für den unterschiedlichen Umgang mit sogenannt "anstößigen" Passagen mag die bereits erwähnte Geschichte *Yingning* dienen, welche von Giles, Buber/Wang und Wilhelm/Gutherz gleichermaßen übertragen wurde. Es soll nicht unterschiedliche Texttreue, sondern vielmehr die verschiedene Auslegung des Originaltextes beleuchtet werden, wesentlich bedingt durch unterschiedliches ethisches Herangehen.

Yingning ist eine vielschichtige, geheimnisvolle Geschichte, in der sich irdische und unirdische Welt durchdringen. Es schwebt ein Rätsel über der Hauptfigur, dem lachenden Mädchen Yingning: Ist sie ein richtiger Mensch oder Abkömmling einer Füchsin, ein gefühlloses, immer lachendes Geschöpf, eine

Dämonin, die schließlich zum Menschen wird, hat sie wirklich existiert? Der junge Wang Zifu, von seinem Vetter Wu Sheng zu einem Ausflug am Laternenfest eingeladen, bemerkt ein schönes, lachendes Mädchen, in das er sich unsterblich verliebt. Er wird aus Sehnsucht schwer krank. Um ihn zu retten, schwindelt ihm Vetter Wu vor, er habe das Mädchen gefunden, er kenne ihren Wohnort, sie sei eine Verwandte. Wang macht sich auf die Suche und gelangt zielsicher an einen überaus poetischen Ort, wo er das Mädchen bei einer alten Frau findet, die ihm erklärt, dass seine Mutter ihre jüngere Schwester sei. Das Mädchen, das beständig lacht, sei die Tochter einer Nebenfrau. Als ihn am nächsten Morgen Abgesandte seiner Familie suchen kommen, nimmt er das Mädchen mit und erfährt von seiner Mutter, dass sie keine Schwester und somit auch keine Nichte habe. Doch Vetter Wu weiß die Verwandtschaftsverhältnisse wieder aufzuklären: der Onkel sei von einer Füchsin verhext worden, diese habe ihm eine Tochter geboren und sei nach seinem Tode mit dem Kind verschwunden. Das Mädchen wird schließlich mit Wang vermählt. Auch die Hochzeitszeremonie kann nicht klären, ob sie ein Mensch oder ein Geist ist: sie besitzt zwar wie ein Mensch einen Schatten, vermeidet es aber, bei der Zeremonie mit Wang gemeinsam niederzuknien, um Himmel und Erde anzubeten. Nachdem der Nachbarssohn durch einen ihrer Streiche ums Leben gekommen ist, wird sie ernst und gibt ihr ständiges Lachen auf. Schließlich gesteht sie ihrem Mann, sie sei wirklich einer Füchsin Kind, beim Tode ihrer Mutter der verstorbenen Frau ihres Vaters anvertraut. Die Eheleute fahren in die Ödnis (die vormalige poetische Landschaft), um den Leichnam der Pflegemutter zu suchen und im Familiengrab beizusetzen. Ein Jahr danach bringt Yingning einen Sohn zur Welt, der ganz der Mutter nachgerät und jeden Fremden anlacht.

Mit feiner Ironie webt Pu Songling diese zugleich nüchtern-reale wie unwirklich-geheimnisvolle Geschichte. Sowohl Buber als auch Wilhelm sind um eine möglichst getreue Wiedergabe der Atmosphäre bemüht. Wilhelm übersetzt, wie wir noch sehen werden, in diesem Falle sogar einen Teil des Kommentars.

Zwei Textstellen mögen als Beispiel für die Behandlung erotischer Passagen dienen:

Der junge Wang gesteht Yingning, die sich als seine Kusine ausgibt, seine Liebe und sucht ihr den Unterschied zwischen Verwandtenliebe und Geschlechterliebe zu erklären:
生曰: 我所謂爱, 非瓜葛之爱, 乃夫妻之爱.
女曰: 有以異乎? 曰: 夜共枕席也. 女俯首思良久, 曰: 我不慣與生人睡.
Giles überspielt die heikle Stelle: "I wasn't talking about ordinary relations," said Wang, "but about husbands and wives." "What's the difference?" asked

Ying-ning. "Why," replied Wang, "husband and Wife are always together." "Just what I shouldn't like," cried she, "to be always with anybody". (XV, S. 71).

Wilhelm: Wang entgegnete: "Die Liebe, von der ich spreche, ist nicht Verwandtenliebe, sondern eine Liebe zwischen Mann und Frau." – "Ist da ein Unterschied?" – "Gewiß, da ist man nachts beisammen." Das Mädchen dachte eine gute Weile mit gesenktem Kopf nach und sagte dann: "Ich pflege nicht mit anderen Leuten nachts zu schlafen." (Wilhelm, 1921, S. 312-313).

Buber: "Ich meine nicht Verwandtenliebe", sagte Wang, "sondern die zwischen Mann und Frau". "Welches ist der Unterschied?" fragte Ying Ning. "Ei", erwiderte Wang, "Mann und Frau schlafen beieinander." "Das ist etwas, was ich nicht vertragen könnte", rief sie, "mit jemandem zusammenzuschlafen." (Buber, 1992, S. 68).

Das zweite Beispiel: Yingning narrt den verheirateten Nachbarssohn, der ihr nachstellt, beim abendlichen Rendezvous kommt er zu Tode:
及昏而往, 女果在焉. 就而淫之, 則陰如錐刺, 痛徹于心, 大號而蹲. 細見, 非女, 則一枯木臥牆邊, 所接乃水淋竅也. 爇火燭窺, 見中有巨蠍如小蟹然. . . . 至家, 半夜尋卒.
Die Umschreibung, die Giles hier für den heiklen Text findet, kann man fast genial nennen: "So he presented himself at nightfall at the same place, and sure enough Ying-ning was there. Seizing her hand, to tell his passion, he found that he was grasping only a log of wood which stood against the wall; and the next thing he knew was that a scorpion hat stung him violently <u>on the finger</u>. There was an end of his romance, exept that he died of the wound during the night..." (Giles, 1916, S. 75).

Auch Wilhelm umgeht eine genaue Übersetzung: "Der Nachbar aber dachte an ein Stelldichein und kam bei Dämmerung erfreut dahin. Er sah sie auch und ging nun auf sie zu; mit einem lauten Aufschrei aber taumelte er zurück: Es war nicht Ying Ning, es war der Schimmer eines faulen Baumes nur, und ein Skorpion in einem Astloch dort hatte ihn gestochen... In der selben Nacht noch musste er sterben." (Wilhelm 1921, S. 316).

Allein Buber scheut nicht eine deutliche Auslegung des Textes: "Er kam daher bei Anbruch der Nacht an jenen Ort, und auch Ying-ning war da. Er trat auf sie zu und umschlang sie; da durchdrang ihn ein stechender Schmerz bis ins Mark, und er fiel schreiend zu Boden. Als er aufblickte, erkannte er, dass das, was ihm als Ying-ning erschienen war, als alter Baumstamm an der Mauer lehnte. Was ihn ein Frauenschoß gedünkt hatte, war ein dunkles Astloch. ... Man brachte eine Fackel, um den Baum zu beleuchten, und fand in dem Loch einen Skorpion,

der an Umfang einem kleinen Hummer glich. ... Er starb um Mitternacht."
(Buber, 1992, S.76 f.)

Aus den angeführten Vergleichen wird deutlich, wie sehr sich die meisten deutschen Übersetzer von der englischen Version emanzipiert hatten. Auch ihre Textstraffungen und Kürzungen sind meist nicht mit denen von Giles identisch.

Die Kommentare Pu Songlings sind teils ausführlich, enthalten Darlegungen oder Anekdoten, teils aphoristisch und geistreich, auch sarkastisch oder humorvoll. Durch sie werden die Ansichten des Autors zum Erzählten verdeutlicht und das Übersinnliche in die Realität geholt. Die Kommentare werden von der Mehrzahl seiner Übersetzer ignoriert. Wilhelm und Greiner dagegen haben sie studiert und in Einzelfällen in ihre Übertragung einbezogen.

Der Kommentar zur Geschichte *Yingning* ist umfangreich, Wilhelm übersetzt nur den ersten Teil, der vermutlich seinen eigenen Ansichten nahe kommt:
"Wenn man Ying Nings keckes und übermütiges Lachen in Betracht zieht und gar bedenkt, was sie dem Nachbarsohne für Geschichten machte, gleicht sie einem Wesen ohne Herz. Die Art aber, wie sie für die Beerdigung der Pflegemutter sorgte, lässt erkennen, dass sie ihre eigentliche Seele nur verhüllte mit dem Lachen ." (Wilhelm 1921, S 317).
So könnte man annehmen, das Mädchen habe sich schließlich der Konvention gebeugt. Doch der Kommentar setzt sich fort:
竊聞山中有草,名笑矣乎,嗅之則笑不可止. 房中置(植)此一種, 則合歡, 忘憂, 並無顏色矣. 若解語花, 正嫌其作態耳.
Der Autor, der bereits im ersten Teil des Kommentars eine besondere Zuneigung für das Naturkind Yingning zeigte, indem er sie als einzige seiner Figuren als "meine" Yingning (wo Yingning 我嬰寧) bezeichnete, bringt so im zweiten, unübersetzten Teil seine Abneigung gegenüber angepassten, berechnenden Schönheiten wie Yang Guifei 楊貴妃, der "verständigen Blume" (*jie yu hua* 解語花), zum Ausdruck.

Es zählt zu den Verdiensten der Wilhelmschen Übertragung, dass er auch den Kommentar der Geschichte *Das Oger-Reich* (*Yecha guo*) übersetzt hat: "In den Geschichtenbüchern heißt es immer, die Oger seien selten. Doch wenn man sich's genau überlegt, so sind sie gar nicht ungewöhnlich. Ein jeder Ehemann hat schließlich in seinem Haus solch ein Ogerchen."[10] (Wilhelm 1921, S. 224).

---

[10] "Oger" ist hier allerdings keine ganz zutreffende Übersetzung für "Yecha" (夜叉). Die Oger des französischen Märchens fressen Menschen, die buddhistischen Yecha (Yaksha) der vorliegenden Erzählung hingegen paaren sich mit ihnen zu beiderseitigem Gewinn.

Auch Greiner hat in einem Falle den Kommentar nicht übergangen. In der Geschichte *Der Tiger* (Xiang Gao 向杲) wird er spritzig zusammengefasst: "Möge jeder ein Tiger werden, dem ein Unrecht geschah, spricht der Dichter" (Greiner 1914, S. 170).

Alle Übersetzer haben, darin folgten sie Giles, umschweifige Geschichten gestrafft, auch gekürzt. So kürzte Wilhelm nicht nur den Kommentar zu *Yingning*, sondern z. B. auch die Erzählung *Die Froschprinzessin* (Qingwa shen) um annähernd die Hälfte. Die deutschen Übersetzer haben, wie zu bemerken ist, die Übertragungen von Giles aufmerksam studiert, sich aber in der Regel damit kritisch auseinandergesetzt. In mehreren Fällen folgten sie der Übertragung der Titel durch Giles.

Allerdings sind der Übertragung Grenzen gesetzt. Bestimmte Anspielungen in den Texten, die im chinesischen Leser weitgehende poetische Assoziationen wecken, sagen dem deutschen Rezipienten nichts. Beispiel: Wenn in der Geschichte *Yingning* der junge Wang zu seiner Geliebten sagt: "Ich liebe die Blüte nicht um ihrer selbst willen, sondern um derer willen, die sie gepflückt hat", (Buber, 1992, S. 68), so erkennt der gebildete chinesische Leser im Originaltext sogleich den Bezug zu dem Liebeslied *Jing nü* (静女,Das schöne Mädchen) aus dem *Shijing* 詩經, dem *Buch der Lieder*.

Beide Übersetzer sind nicht auf das Spiel mit den Homophonen eingegangen, das den Texten häufig Doppelbödigkeit verleiht. So verstärkt dieses Stilmittel beispielsweise das Geheimnisvolle, das über der Geschichte *Yingning* liegt und ihr zusätzlich zur eigentlichen Fabel Spannung und poetischen Reiz verleiht. Als Beispiel mag die Rolle der Schlüsselfigur des Vetters Wu dienen, der den jungen Wang betrügerisch auf die Spur des lachenden Mädchens führt und eine nicht bestehende Verwandtschaft erfindet. Wu 吳, der Familienname, ist klangidentisch mit wu 無, das "nichts, nicht vorhanden sein" bedeutet; Wusheng 吳生 kann daher nicht nur den jungen Herrn aus der Familie Wu benennen, sondern auch 無生, jemanden, der nicht geboren, nicht vorhanden ist. Gibt es also den für die Geschichte wichtigen Vetter Wu gar nicht, also auch Yingning nicht, oder ist die Existenz der Yingning, die so real ist, dass sie sogar ein Kind zur Welt bringt, ein Beweis für die Kraft des Glaubens und der Liebe? Oder will der Autor andeuten, dass es eine solch ungewöhnliche Verbindung zwischen Liebenden in Wahrheit nicht geben kann, da sie den herrschenden Konventionen widerspricht? Die Übersetzer machen nicht durch Erklärungen auf das Problem der in den meisten Fällen unübersetzbaren Homophone aufmerksam. Das sollte man akzeptieren, da solche Erklärungen im literarischen Text den Lesegenuß stören. Wir finden hier aber einen erneuten Beweis dafür, dass eine Übertragung, die das Original in all seinen Aspekten in ein Sprachkunstwerk der Zielsprache überführt, so dass der Leser es ebenso auskosten kann wie der des Originaltextes, im Falle klassischer literarischer chinesischer Texte auch dem genialsten Übersetzer unerreichbar ist. Natürlich ist das nicht nur ein Sprachproblem.

Beispiele für die Wirkung der Buberschen Übertragungen wurden bereits oben angeführt. Die weitreichenden Einflüsse der Tätigkeit Richard Wilhelms als Übersetzer und Wissenschaftler sind umfassend untersucht. Alle Übersetzer bestimmten auch durch ihre Aktivitäten in Gesprächskreisen und im universitären Leben das geistige Leben immens in einer Zeit, da sich – auch durch sie – die Intellektuellen aus unterschiedlichen Motiven auf der Suche nach neuer Sinngebung, neuen Themen und Stoffen zunehmend östlichen Lehren und Literaturen zuwendeten.

Literatur

Alekseev, V. M., *China im Jahre 1907. Ein Reisetagebuch*, Leipzig und Weimar 1989.
Bauer, Wolfgang, *Entfremdung, Verklärung, Entschlüsselung. Grundlinien der deutschen Übersetzungsliteratur aus China in unserem Jahrhundert*, Arcus-Texte Nr. 1, Bochum 1993.
Bauer, Wolfgang, Richard Wilhelm, *Botschafter zweier Welten*, Köln 1973.
Buber, Martin, *Reden und Gleichnisse des Tschuangtse*, Leipzig 1910.
— *Chinese Tales. Zhuangzi. Sayings and Parables and Chinese Ghost and Love Stories*, Alex Page transl. With an Introduction by Irene Eber, Atlantic Highlands, New Jersey, London 1991.
— *Chinesische Geister- und Liebesgeschichten*, Frankfurt 1911, München 1992.
Contag, Victoria, Rez.: Martin Buber: Chinesische Geister- und Liebesgeschichten, Manesse Verlag 1948, in: *Sinologica* (Basel) Vol. 2, 1949, S. 242.
Eber, Irene, "Martin Buber and Taoism", in: *Monumenta Serica* 42, 1994.
Friedmann, Maurice, *Begegnung auf dem schmalen Grat. Martin Buber – ein Leben*, Münster 1999.
Giles, Herbert A., *Strange Stories from a Chinese Studio*, Shanghai, Hongkong, Singapore and Yokohama, Third Edition 1916.
Greiner, Leo, *Chinesische Abende. Novellen und Geschichten*, Berlin 1914.
Grube, Wilhelm, *Geschichte der chinesischen Literatur*, Leipzig 1902.
— *Religion und Kultus der Chinesen*, Leipzig 1910.
Hirsch, Klaus (Hrsg.), *Richard Wilhelm, Botschafter zweier Welten*, Frankfurt/M. 2003.
Hong Tao 洪濤, "Lun <Liaozhai> de wenhua tese he yingyiben zhong de guihua xianxiang" 論〈聊齋〉的文化特色和英譯本中的歸化現象, in: Zhang

Yongzheng 张永政, Sheng Wei 盛偉 (Hrsg.), *Liaozhaixue yanjiu lunji* 聊斋學研究論集, Beijing 2001, S. 171 – 186.
Hsia, Adrian, *Hermann Hesse und China*, Frankfurt/M. 1974, 1981.
Kaden, Klaus, "Wilhelm Grube und das Scheitern seiner Berufung zum ordentlichen Professor der Sinologie an der Berliner Universität. Neue Erkenntnisse aus alten Akten", in: *Bochumer Jahrbuch zur Ostasienforschung* 25, 2001, S. 197-221.
Kohn, Margot und Buber, Rafael, *Martin Buber. Eine Bibliographie seiner Schriften 1897-1978*, Jerusalem, New York, London, Paris 1980.
Kuo Heng-yü (Hrsg.), *Berlin und China*, Berlin 1987.
Ladstätter, Otto, *P'u Sungling. Sein Leben und seine Werke in Umgangssprache*, Diss. München 1960.
Leutner, Mechthild, "Sinologie in Berlin", in: Kuo Heng-yü (Hrsg.), *Berlin und China*, Berlin 1987.
Li Fuqing 李福清 (Riftin, Boris L.), "Liaozhai zhiyi zai Eguo" 聊斋誌異在俄國, in: Zhang Yongzheng 張永政, Sheng Wei 盛偉 (Hrsg.), *Liaozhaixue yanjiu lunji* 聊斋學研究論集, Beijing 2001, S.451-476.
Li Houji 李厚基, Han Haiming 韓海明, *Ren gui hu yao de yishu shijie* 人鬼狐妖的藝術世界,Tianjin 1982.
Liaozhai zhiyi huijiao huizhu huiping ben 聊斋誌異會校會注會評本, redigiert von Zhang Youhe 張友鶴, Shanghai 1962.
Ma Ruifang 馬瑞芳, *Pu Songling pingzhuan* 蒲松齡評傳, Beijing 1986.
— *Liaozhai zhiyi chuangzuo lun* 聊斋誌異創作論, Jinan 1990.
Minford, John, "Moonlight and Water, Sunlight and Wine. Herbert Allen Giles (1845-1935) ", in: *Materialien der 2. Internationalen Konferenz zur Übersetzung chinesischer Literatur*, Taipeh November 1992.
Motsch, Monika, *Die chinesische Erzählung. Vom Altertum bis zur Neuzeit*, München 2003, Kap.VI, S. 241-289: Pu Songling: Künstler des Fremden.
Pu Songling yanjiu 蒲松齡研究 37, Nr. 3-4, Zibo 淄博 2000.
Rösel, Gottfried, *Umgang mit Chrysanthemen*, Zürich 1987.
— *Zwei Leben im Traum*, Zürich 1989.
— *Besuch bei den Seligen*, Zürich 1991
— *Schmetterlinge fliegen lassen*, Zürich 1992.
— *Kontakte mit Lebenden*, Zürich 1992.
Rudelsberger, Hans, *Chinesische Novellen*, Wien 1924.
Schaeder, Gertrud, *Martin Buber. Hebräischer Humanismus*, Göttingen 1966.
Schuster, Ingrid, *China und Japan in der deutschen Literatur*, 1890-1925, Bern 1977.
Walravens, Hartmut, Rez.: Martin Buber: Chinese tales. Zhuangzi. Sayings and Parables and Chinese ghost and love stories. Alex Page transl. With an Introduction by Irene Eber, Atlantic Highlands, New Jersey, London 1991, in: *Hefte für Ostasiatische Literatur* 13, November 1992, S. 121-127.

— "Martin Buber und Willy Tonn und ihre Beiträge zur Kenntnis der chinesischen Literatur", in: *Monumenta Serica* 42, 1994, 465-481.
— "Streiflichter auf die deutsche Sinologie 1938-1943 sowie drei Dokumente zur deutschen Japanologie", in: *NOAG* 165/166 (1999), S. 189-222.
Wei Maoping 衛茂平, *Zhongguo dui Deguo wenxue yingxiang shi shu* 中國對德國文學影響史述, Shanghai 1996.
Wehr, Gerhard, *Martin Buber. Leben, Werk, Dichtung*, Zürich 1971.
Wilhelm, Richard, *Chinesische Märchen*, Jena 1914, 1921; u. d. Titel: *Die Geister des Gelben Flusses* auch Rudolstadt o. J. (1955).
— *Die chinesische Literatur*, Wildpark bei Potsdam 1926.
Wilhelm, Salome, *Richard Wilhelm, der geistige Mittler zwischen China und Europa*, Düsseldorf/Köln 1956.
Zhang Yongzheng 張永政, Sheng Wei 盛偉 (Hrsg.), *Liaozhaixue yanjiu lunji* 聊斋學研究論集, Beijing 2001.

FAS
Publikationen des Fachbereichs Angewandte Sprachwissenschaft der Johannes Gutenberg-Universität Mainz in Germersheim

REIHE A - Abhandlungen und Sammelbände

Band 1 Dietrich Briesemeister (Hrsg.): Sprache, Literatur, Kultur. Romanistische Beiträge. 1974.

Band 2 Reinhart Herzog (Hrsg.): Computer in der Übersetzungswissenschaft. Sprachpraktische und terminologische Studien. 1981.

Band 3 Karl-Heinz Stoll: The New British Drama. A Bibliography with Particular Reference to Arden, Bond, Osborne, Pinter, Wesker. 1975.

Band 4 Sergej Mawrizki: Außenhandel der Sowjetunion gestern und heute. Grundlagen, Entwicklung und der Westhandel nach dem Zweiten Weltkrieg. 1976.

Band 5 Michael T. Trabert: Das religiöse Erbe im Frühwerk Philip Roths. *Goodbye Columbus*. 1985.

Band 6 H. W. Drescher, Signe Scheffzek (Hrsg.): Theorie und Praxis des Übersetzens und Dolmetschens. 1976. (vergriffen)

Band 7 Dagmar Steffen: Der Zweiakter im zeitgenössischen englischen Drama. Studien zu John Mortimers *The Judge,* David Mercers *After Haggerty* und *Flint* und Tom Stoppards *Jumpers.* 1983.

Band 8 J. Albrecht, H. W. Drescher, H. Göhring, N. Salnikow (Hrsg.): Translation und interkulturelle Kommunikation. 40 Jahre Fachbereich Angewandte Sprachwissenschaft der Johannes Gutenberg-Universität Mainz in Germersheim. 1987. (vergriffen)

Band 9 Renate von Bardeleben (Hrsg.): Wege amerikanischer Kultur / Ways and Byways of American Culture. Aufsätze zu Ehren von / Essays in Honor of Gustav H. Blanke. 1989.

Band 10 Christel Balle: Tabus in der Sprache. 1990.

Band 11 Michael Dunker: Beeinflussung und Steuerung des Lesers in der englischsprachigen Detektiv- und Kriminalliteratur. Eine vergleichende Untersuchung zur Beziehung Autor-Text-Leser in Werken von Doyle, Christie und Highsmith. 1991.

Band 12 Hjördis Jendryschik: Afrikanische Bauformen des Erzählens. Spezifische Eigenarten des frankophonen Romans Schwarzafrikas. 1991.

Band 13 Martin Forstner (Hrsg.): Festgabe für Hans-Rudolf Singer. Zum 65. Geburtstag am 6. April 1990 überreicht von seinen Freunden und Kollegen. 1991.

Band 14 Marcellinus Edorh: Theater in Ghana. Weltsicht, Rituale, Mythen, Tanzdrama, "Social drama", "Ananse sem", "Comic plays" und moderne Dramen. 1991.

Band 15 Martin Forstner/Klaus von Schilling (Hrsg.): Interdisziplinarität. Deutsche Sprache und Literatur im Spannungsfeld der Kulturen. Festschrift für Gerhart Mayer zum 65. Geburtstag. 1991.

FASK
Publikationen des Fachbereichs Angewandte Sprach- und Kulturwissenschaft der Johannes Gutenberg-Universität Mainz in Germersheim

Band 16 Anthony Pym: Translation and Text Transfer. An Essay on the Principles of Intercultural Communication. 1992.

Band 17 Harald Nelson: Die Sprache französischer Schüler. Schulspezifische Designate und ihre Bezeichnung. 1994.

Band 18 Karl-Heinz Stoll: Postmoderner Feminismus: Caryl Churchills Dramen. 1995.

Band 19 Nikolai Salnikow (Hrsg.): Sprachtransfer - Kulturtransfer. Text, Kontext und Translation. 1995.

Band 20 Peter P. Konder/Matthias Perl/Klaus Pörtl (Hrsg.): Estudios de literatura y cultura colombianas y de lingüística afro-hispánica. 1995.

Band 21 Heike Jüngst: Frauengestalten und Frauenthemen bei John Arden und Margaretta D'Arcy. Mit Vergleichskapiteln zu Ann Jellicoe, Arnold Wesker, John McGrath und Caryl Churchill. 1996.

Band 22 Andreas F. Kelletat (Hrsg.): Übersetzerische Kompetenz. Beiträge zur universitären Übersetzerausbildung in Deutschland und Skandinavien. 1996.

Band 23 Horst W. Drescher (Hrsg.): Transfer. Übersetzen – Dolmetschen – Interkulturalität. 50 Jahre Fachbereich Angewandte Sprach- und Kulturwissenschaft der Johannes Gutenberg-Universität Mainz in Germersheim. 1997.

Band 24 Dieter Huber/Erika Worbs (Hrsg.): Ars transferendi · Sprache, Übersetzung, Interkulturalität. Festschrift für Nikolai Salnikow zum 65. Geburtstag. 1998.

Band 25 Cornelia Weege: Bild und Rolle der Frau im dramatischen Werk von José Martín Recuerda. 1999.

Band 26 Eva Katrin Müller: Sprachwahl im spanisch-deutschen Sprachkontakt in Südchile. Ergebnisse einer sprachsoziologischen Untersuchung unter Nachfahren deutscher Einwanderer. 2000.

Band 27 Sabine Rommer: L'Inde perdue. Französische Kolonialromane des 19. und 20. Jahrhunderts über Indien. 2001.

Band 28 Stefan Barme: Der Subjektausdruck beim Verb in phonisch-nähesprachlichen Varietäten des europäischen Portugiesisch und Brasilianischen. 2001.

Band 29 Holger Siever: Kommunikation und Verstehen. Der Fall Jenninger als Beispiel einer semiotischen Kommunikationsanalyse. 2001.

Band 30 Andreas F. Kelletat (Hrsg.): Dolmetschen. Beiträge aus Forschung, Lehre und Praxis. 2001.

Band 31 Iris Plack: Die deutschsprachige Rezeption von Luigi Pirandellos Bühnenwerk. 2002.

Band 32 Britta Nord: Hilfsmittel beim Übersetzen. Eine empirische Studie zum Rechercheverhalten professioneller Übersetzer. 2002.

Band 33 Christian Todenhagen / Wolfgang Thiele (eds.): Investigations into Narrative Structures. 2002.

Band 34 Dörte Andres: Konsekutivdolmetschen und Notation. 2002.

Band 35 Matthias Perl / Klaus Pörtl (eds.): Estudios de lingüística hispanoamericana, brasilena y criolla. 2002.

Band 36 "Die ganze Welt ist Bühne" / "Todo el mundo es un escenario". Festschrift für Klaus Pörtl zum 65. Geburtstag / Homenaje a Klaus Pörtl en ocasión de su 65 aniversario. Herausgegeben von / Editado por Matthias Perl und / y Wolfgang Pöckl. 2003.

Band 37 Ângela Maria Pereira Nunes: Vergangenheitsbewältigung im interkulturellen Transfer. Zur Aufarbeitung europäischer Geschichte in José Saramagos *O Ano da Morte de Ricardo Reis*. 2003.

Band	38	Rainer Kohlmayer / Wolfgang Pöckl (Hrsg.): Literarisches und mediales Übersetzen. Aufsätze zu Theorie und Praxis einer gelehrten Kunst. 2004.
Band	39	Matthias Vollet / Felipe Castañeda (Hrsg.): Mission und Sprache. Interdisziplinäre Erkundungen zum Orden Colonial in Iberoamerika. 2004.
Band	40	Vito Lo Scrudato: L'ultimo brigante. Nel latifondo siciliano tra '800 e '900. 2004.
Band	41	Barbara Ahrens: Prosodie beim Simultandolmetschen. 2004.
Band	42	Klaus Pörtl: Panorámica del teatro español y latinoamericano del siglo XX. 2004.
Band	43	Araceli Marín Presno: Zur Rezeption der Novelle *Rinconete y Cortadillo* von Miguel de Cervantes im deutschsprachigen Raum. 2005.
Band	44	Rebekka Bratschi: Xenismen in der Werbung. Die Instrumentalisierung des Fremden. 2005.
Badn	45	Katrin Buchta / Andreas Guder (Hrsg.): China.Literatur.Übersetzen. Beiträge eines Symposiums zu Ehren von Ulrich Kautz. 2006.

REIHE B - Studientexte

Band	1	Ph. Woolley: The Queen's English. Exercises in the Pronounciation of English. 1974. 2. Auflage. 1976. 3. überarbeitete Auflage. 1982.
Band	2	K.-P. Lange: Kurzgefaßte Einführung in die Generative Syntax. 1975.
Band	4	Michalis Kanavakis: Griechisch für Deutsche. Teil 1. 1986. 2. unveränderte Auflage. 1987.

www.peterlang.de

Jianhua Zhu / Hans-R. Fluck / Rudolf Hoberg (Hrsg.)

Interkulturelle Kommunikation Deutsch – Chinesisch

Kolloquium zu Ehren von Siegfried Grosse, 25.11.–27.11.2004, Shanghai

Frankfurt am Main, Berlin, Bern, Bruxelles, New York, Oxford, Wien, 2006.
576 S., zahlr. Abb.
Angewandte Sprachwissenschaft. Herausgegeben von Rudolf Hoberg. Bd. 19
ISBN 3-631-55015-4 · br. € 86.–*

Vom 25.11.–27.11.2004 fand an der Tongji-Universität Shanghai ein wissenschaftliches Kolloquium zum Thema *Interkulturelle Kommunikation deutschchinesisch* statt. Der Tagungsband versammelt Beiträge von 44 Autorinnen und Autoren aus China, Deutschland, der Schweiz, Österreich und Japan. Insgesamt bieten diese – aus der Sicht verschiedener Disziplinen und Kulturen – ein umfassendes und zugleich differenziertes Bild des Gesamtthemas. Sie liefern Anregungen für weitere Forschungsarbeiten, sie geben Anlass zum Nachdenken, zu Widerspruch und Kritik, zur Umsetzung der Ergebnisse in den DaF-Unterricht und die interkulturelle Kommunikationspraxis, – in China und auch anderswo. Die einzelnen Beiträge beschreiben Kommunikationsabläufe und -defizite, ergründen Kommunikationsschwierigkeiten und versuchen Wege aufzuzeigen, wie – sowohl generell als konkret – auf verschiedenen Arbeits- und Aufgabenfeldern interkulturelle Kommunikationsprobleme zu überwinden sind und das Zusammentreffen verschiedener Kulturen reibungsloser gestaltet werden kann.

Aus dem Inhalt: Theorie und Praxis der interkulturellen Kommunikation · Literatur und interkulturelle Kommunikation · Linguistik und interkulturelle Kommunikation · DaF-Unterricht und interkulturelles Training · Landeskunde und interkulturelle Kommunikation

Frankfurt am Main · Berlin · Bern · Bruxelles · New York · Oxford · Wien
Auslieferung: Verlag Peter Lang AG
Moosstr. 1, CH-2542 Pieterlen
Telefax 00 41 (0) 32 / 376 17 27

*inklusive der in Deutschland gültigen Mehrwertsteuer
Preisänderungen vorbehalten

Homepage http://www.peterlang.de